CONTRATE PREGUIÇOSOS

Eduardo Cupaiolo

CONTRATE PREGUIÇOSOS

Conselhos pouco ortodoxos que tornam o ambiente de trabalho mais humano e produtivo

MC EDITORA

São Paulo

Contrate preguiçosos

Categoria: Liderança e gestão / Motivação

Gerência editorial: Silvia Justino
Preparação de texto: Omar de Souza
Revisão: Equipe MC
Supervisão de produção: Lilian Melo
Capa: Douglas Lucas
Ilustrações de capa e miolo: Spacca

Dados Internacionais de Catalogação na Publicação (CIP)
(Câmara Brasileira do Livro, SP, Brasil)

Cupaiolo, Eduardo

Contrate preguiçosos: conselhos pouco ortodoxos que tornam o ambiente de trabalho mais humano e produtivo / Eduardo Cupaiolo ; ilustrado por Spacca. — São Paulo: Mundo Cristão, 2006.

ISBN 85-7325-410-6

1. Administração 2. Eficácia organizacional 3. Liderança 4. Mudança organizacional I. Spacca II. Título.

06-4895 CDD—658.402

Índice para catálogo sistemático:
1. Liderança: Administração executiva 658.402

Publicado no Brasil com a devida autorização e com todos os direitos reservados pela:
AREMC
Rua Antônio Carlos Tacconi, 79 — CEP 04810-020 — São Paulo — SP — Brasil
Telefone: (11) 2127-4147 — Home page: www.mundocristao.com.br

Editora associada a:
- Associação Brasileira de Editores Cristãos
- Câmara Brasileira do Livro
- Evangelical Christian Publishers Association

A 1ª edição foi publicada em agosto de 2006.

Impresso no Brasil

10 9 8 7 6 5 4 3 2 1 06 07 08 09 10 11 12

Para Cristina,
por seu amor, compreensão, cumplicidade e apoio.

Para Gabriel e Rebeca,
como lembrança de que com Deus tudo é possível,
como incentivo para que jamais deixem de fazer diferença,
como contribuição para um mundo melhor para vocês.

Para João e Nilce,
por tudo o que fizeram e significam para mim.

Para meus amigos,
porque não teria chegado até aqui sem vocês.

Sumário

Apresentação 9
Prefácio 13
Palavra do autor 17
Mudando o jeito de mudar 19
Procrastinação tem cura? 25
Mãe S.A. 29
Contrate preguiçosos! 33
Revolução silenciosa 37
Liga Mundial: a vitória também foi fora da quadra 41
Mister Magoo, Robocop e a Bela Adormecida 45
Era uma vez... 49
As duas faces da mesma moeda 55
Que tipo de arma você carrega? 59
As piores empresas para trabalhar 63
Os exterminadores do presente 69
Agora que você já perdeu o emprego mesmo... 75
E ainda tem gente que acredita em Papai Noel 79

Recursos Humanos ou seres humanos? 85

A hora é agora 91

Senhores do próprio destino 97

Onde nascem os líderes 101

Change Management 107

Change Management: vai dispensar? 113

Responsabilidade social 119

Sepulcros caiados 125

A meus mestres, com carinho 129

Mudar ou não mudar? Esta não é a questão! 133

Reunião de condomínio? Inclua-me fora! 139

O que vale agora é o contrato 145

Síndrome de Michelangelo 153

Sabin e o carimbo 159

Afinal, o *que* é liderança? 165

Você tem medo de quê? 175

Só o amor vence o medo 181

Contrate incompetentes! 187

Peter Ferdinand Drucker 193

O pequeno grande homem 201

Bibliografia comentada 207

Sobre o autor 219

Apresentação

LIDERANÇA TOTAL, gerenciamento em tempos de crise, liderança para mudar, lições básicas sobre mudanças empresariais, treinamento avançado em gestão de transformação... a lista poderia prosseguir por toda esta página e a próxima. E talvez não fosse suficiente, considerando que a oferta de livros sobre liderança e gerenciamento de processos de mudança organizacional é cada vez maior. As livrarias costumam dedicar áreas nobres a esse tipo de literatura. E a demanda não pára de crescer. Isso não significa, porém, que toda oferta é boa. É possível encher uma estante com títulos relacionados ao assunto, mas poucos se destacam por oferecer contribuições relevantes de fato.

Não que o assunto esteja esgotado. Pelo contrário, os estudos sobre gestão organizacional e todos os fatores que a influenciam — ou são influenciados por ela — se revelaram extremamente amplos nas últimas décadas, em especial quando confrontados com outras disciplinas, tais como a sociologia, a psicologia, a macroeconomia, a política, a informática e até a espiritualidade. Ainda assim, a sensação é de que a maior parte do material publicado é repetitivo. Raro é discernir um autor que aborde questões inovadoras relacionadas ao assunto, e mais difícil ainda encontrar quem o faça com conteúdo e forma originais.

Eduardo George Cupaiolo é um desses casos incomuns: gente que *entende do riscado*, mas está sempre um ou mais passos adiante; que não apenas conhece o que diz, como também sabe como dizê-lo de uma maneira excepcional. Orador hábil, é constantemente requisitado para falar a grupos de gestores, executivos e líderes. Seus artigos, publicados ao longo de vários meses no *website* da empresa de consultoria PeopleSide, da qual é sócio e diretor de Serviços de Desenvolvimento e Treinamento, se destacam pela linguagem tão envolvente quanto a que usa em seus seminários e palestras. Ler seus textos é uma maneira de experimentar o mesmo prazer de ouvi-lo falar.

E o que não falta a Eduardo Cupaiolo é conhecimento para compartilhar. Além de concluir MBA em Gestão de Pessoas, especializou-se em Liderança pelo Haggai Advanced Leadership Institute e em Gestão de Projetos de Transformação Organizacional nos Estados Unidos e na Europa, além de Change Management na ODR-USA. Seu currículo inclui gerência em projetos de consultoria na IBM e na PricewaterhouseCoopers. Já ministrou cursos e treinamentos para executivos de várias empresas e organizações de grande porte. Realizou projetos de mudança organizacional em várias outras, entre elas o ABN-AMRO Bank, o Sudameris, a Embraer, a Telesp Celular e a Votorantin.

Diante de um histórico desses, qual é o editor que, em seu mais perfeito juízo, não gostaria de tê-lo em seu elenco? Era de esperar, naturalmente, que Eduardo Cupaiolo tivesse vários trabalhos publicados. Curiosamente, porém, apesar de tanta experiência e da originalidade que caracteriza seus escritos, ainda não havia estreado como autor, algo que só a falta de tempo de alguém com uma agenda sempre repleta pode explicar. *Contrate preguiçosos* é, portanto, um marco em sua carreira.

Editar um livro de Eduardo Cupaiolo não é apenas um privilégio. Trata-se também de uma atividade muito divertida. O bom-humor é um elemento recorrente de seus textos, pontuados por histórias do cotidiano que proporcionam identificação imediata com as situações do ambiente de trabalho. O autor se vale dos assuntos do jornal, das personalidades em destaque, do comportamento da moda, dos esportes, enfim, de tudo quanto permita ao leitor assimilar com mais facilidade as lições que a própria vida ensina. A piada, o trocadilho, o adágio e o chiste entram para temperar o conteúdo com uma informalidade irresistível. O ponto final de cada artigo soa como o "até breve" usual depois de um gostoso bate-papo com um amigo.

A decisão de ilustrar os textos surgiu com a mesma naturalidade, e o traço consagrado do cartunista Spacca — um dos melhores do Brasil — foi uma escolha muito feliz. Os defensores da modéstia que nos perdoem, mas a comunicação entre textos e imagens não poderia ser mais perfeita. Combinados, os dois elementos dão ao conteúdo do livro ares de almanaque, mais um traço de originalidade que você encontrará em *Contrate preguiçosos*.

Mas não subestime o material que você encontrará nas próximas páginas, nem pense que o tom humorado minimiza a importância dos tópicos abordados pelo autor. Em cada artigo, Eduardo Cupaiolo engendra uma reflexão valiosa e propõe um desafio, uma convocação à ação corajosa e inovadora. Tão fácil e natural quanto sair dos textos com um sorriso divertido é completar a leitura com a sensação de que muitos de seus conceitos precisam de uma revisão imediata. Afinal, toda mudança em qualquer organização começa pelas pessoas.

Os editores

Prefácio

Esbocei um sorriso e reagi instantaneamente ao ler o título deste livro. O que o Eduardo está inventando desta vez — pensei com meus botões. Se o próprio Salomão, o homem mais sábio da história, disse que o preguiçoso deveria ter aula com a formiga para aprender a trabalhar, por que eu haveria de contratar alguém conhecido por sua morosidade? No entanto, meu amigo Cupaiolo é assim mesmo; ele choca para captar a atenção.

Na verdade, de acordo com sua definição, eu também contrataria preguiçosos.

- Preguiçosos lentos para aceitar atividades irrelevantes, mas rápidos para aceitar metas desafiadoras.
- Preguiçosos morosos para se submeter à mesmice, mas que pulam de cabeça na criatividade.
- Preguiçosos que se movem como tartarugas diante da burocracia, mas saltam como coelhos em busca de resultados.
- Preguiçosos sempre indispostos diante da mediocridade, mas energéticos para encontrar o jeito mais racional, eficiente, barato e excelente.

- Preguiçosos inconformados com o *status quo*, mas comprometidos com uma nova maneira de reinventar a mudança.
- Preguiçosos que não agüentam somente as boas intenções; eles querem a coisa realizada com eficácia.

Eduardo Cupaiolo está envolvido com liderança há muitos anos, tanto na empresa quanto no voluntariado. Como diretor-presidente da PeopleSide, recebe desafios diários nas áreas de gestão de mudanças, gestão de pessoas, cultura organizacional e liderança corporativa. Mais de quatro mil pessoas já passaram pela influência da sua consultoria, desde operadores de máquinas a presidentes de empresas. Mais de dois mil líderes assinam sua *newsletter*. Ele provoca reflexão para que consideremos de forma madura, transparente, honesta e crítica, o modelo de relacionamento humano, gestão de negócios, valores e práticas sociais atuais. Ele vai mais além e propõe novos caminhos através de um conteúdo de alta qualidade acadêmica, prática, conceitual, moderna e ética.

Este livro revela uma mistura fantástica e cativante do esforço de juntar o idealismo visionário ao realismo prático. De um lado ele aborda o sonho da postura ética, da necessária compaixão humana no mercado, da liderança que promove pessoas ao invés de usá-las, do desenvolvimento humano rumo a um ideal. No entanto, na próxima frase, ele aterriza nas melhores práticas, na busca de resultados, no compromisso com o trabalho, na metodologia eficaz. A criatividade no uso das palavras, histórias, anedotas e metáforas vão mantê-lo hipnotizado pela leitura e ainda desafiá-lo a imaginar novas realidades possíveis dentro do seu contexto de trabalho.

Prefaciar este livro é um honra para mim porque ele contém um saquitel de pedras preciosas que podem enriquecer-lhe a mente, desafiar seu estilo de liderança e transformar sua vida para sempre.

EBENÉZER BITTENCOURT
Diretor Executivo do Instituto Haggai do Brasil

Palavra do autor

Indignação sem ação é indigna.
Indignar-se não é o bastante.
Bastante é agir

FOI ASSIM QUE UM DIA TROQUEI indignação por ação. Arranquei o nó da garganta e o coloquei no papel. E na Internet. Já havia fundado, a PeopleSide. Já podia influenciar o ambiente organizacional de meus clientes. Podia dar palestras e entrevistas e escrever alguns artigos sempre que convidado. Mas ainda não era o bastante. Queria chegar mais longe, atingir mais pessoas, em mais lugares e mais rapidamente.

Decidi, então, contar com o poder da Internet. Criei uma *newsletter* eletrônica gratuita, por meio da qual divulgamos artigos, entrevistas e ensaios. Discutimos de forma profunda e transparente o lado humano dos negócios e da sociedade.

A sede por esses conteúdos é imensa. Desde a primeira edição, em outubro de 2002, os pedidos de assinatura chegam todos os dias. Neste momento, mais de cinqüenta edições depois, ela é recebida por mais de três mil pessoas, em todos os cantos do Brasil e também na Argentina, no Uruguai, nos Estados Unidos, em

Portugal, na Inglaterra, na África do Sul e na Coréia, sem mencionar o incalculável número de pessoas para quem são encaminhadas.

Parte deste material virou um livro. Este livro. O que você tem em mãos são 34 textos, quatro dos quais, inéditos. Embora todos sejam independentes — e por isso você pode lê-los na ordem que achar mais conveniente — falam a respeito do mesmo assunto.

Apresentamos uma alternativa para o modelo atual, de modo que o *homus corporativus* não viva apenas para os negócios. Uma alternativa em que o ser humano seja desejável.

Os temas são discutidos com profundidade, sem máscaras e de várias maneiras. Você vai ler sobre os bons e os maus exemplos. Vai ver o imobilismo ser condenado. Vai ser desafiado a mudar conceitos e atitudes. E será desafiado a agir.

Espero que a leitura lhe agrade muito e que também o incomode muito. Espero que provoque em você a vontade de mudar o mundo. Mais. Provoque a vontade de mudar algo em você que mude o mundo.

Mudando o jeito de mudar

Cuidados para aliviar o peso das transformações organizacionais[1]

PROJETOS DE TRANSFORMAÇÃO organizacional acontecem com grande freqüência e pelas mais diversas razões: implantação de novos sistemas de gestão (ERPs), mudanças de procedimentos, redução de pessoal, aquisição de novas empresas, alteração de políticas e estratégias de negócio. As estatísticas, por sua vez, demonstram que o investimento em mudanças nem sempre gera o retorno desejado. Não raro ouvimos dizer que um ou outro projeto importante não saiu do papel, morreu no nascedouro ou sofreu tanta resistência que nunca se viabilizou. Outros estão patinando há meses, e parecem que nunca sairão do lugar.

Para ajudar o administrador da mudança e seus gestores a enfrentar esses processos de transformação com maiores chances de sucesso e diminuir o risco de cometer as mesmas falhas que muitos desavisados já cometeram, vale a pena tomar alguns cuidados básicos:

[1]O artigo base deste texto foi publicado na revista *Melhor*, ed. 178, 2002, sob o título “Para o lado certo”.

1. Concentre seus esforços nas pessoas

Todas as demais medidas dependem diretamente desta. Gestão de mudanças tem a ver com processos, com tecnologia, com estratégia, com treinamento e com mais um monte de outras coisas, mas o foco é um só: as pessoas. Por quê? Porque independentemente de quão importante, necessária ou essencial seja a mudança para a organização, as pessoas é que determinarão se será ou não implantada de maneira efetiva e eficaz. Elas é que podem perder o senso de direção, ficar frustradas, desmotivadas e angustiadas, resistindo às mudanças. Portanto, se a mudança não começar pelas pessoas, não acontecerá em lugar algum.

2. Planeje a mudança

Experimente mudar um piano de cauda com alguém no seu ouvido, *buzinando*: "Um pouco mais para lá... não, não... um pouco mais para cá... hum... pensando bem... que tal na outra sala?". Se engajar as pessoas no processo já é uma tarefa difícil, é impossível realizá-la quando quem está propondo a mudança não sabe que etapas, desafios ou direção tomar.

Mudar, muitas vezes, pressupõe aventurar-se por uma trilha desconhecida. Nesse caso, é impossível ter um mapa detalhado do futuro, mas se pode preparar pelo menos uma mochila com os apetrechos básicos, investir nas roupas mais adequadas, estimar o tempo e os sacrifícios esperados. Na base do improviso, o risco aumenta demais.

3. Comunique, comunique, comunique

Nada pode causar maior dano ao processo de mudanças do que a falta de comunicação — exceto, talvez, o excesso de comunicação, a comunicação malfeita, mal direcionada, veiculada em momento inoportuno ou para o público errado. Pensando bem, além de se comunicar, é preciso também levar em conta todos esses detalhes.

Por isso, é fundamental saber comunicar com qualidade. Identifique a mensagem certa para cada momento e cada público. Escolha cuidadosamente o meio para comunicá-la. Dê também especial atenção aos casos em que pode precisar da ajuda de alguém que assuma a responsabilidade de usar sua credibilidade em um determinado grupo para apresentar alguma mensagem significativa.

4. Seja honesto: mentir é pecado, mas omitir pode não ser

Nem todo mundo precisa ou deve saber tudo sobre tudo. Há questões delicadas, como as que dizem respeito a ocupar posições dentro da estrutura de trabalho: quem vai para onde, quando e em que condições. Defina o que cada pessoa ou grupo de pessoas deve e pode saber. Com isto em mente, seja claro, direto e jamais falte com a verdade. Mentir leva à perda de confiança, o que compromete a chance de uma mudança segura e, principalmente, as bases para o relacionamento futuro.

5. "No pain, no gain"

As pessoas começam a perder a confiança nos gestores da mudança quando só ouvem falar nos "grandes benefícios" que o projeto trará, como "tudo será maravilhoso", e não ouvem ninguém falar no preço da mudança. É recomendável esclarecer, logo no início, que não há mudança sem sacrifícios. Prepare as pessoas para o investimento pessoal que devem fazer para assimilar a nova situação, aprender novos conceitos, desenvolver novas habilidades, se relacionar de uma nova maneira e com pessoas diferentes.

6. Entenda as razões da mudança antes de esperar que os outros as entendam

Assumir a postura do tipo "dono do mundo" ou "rei da cocada", que não deve satisfações a ninguém, não é apenas uma demonstração de arrogância, é também um risco para a mudança. É recomendável dispor de explicações mais razoáveis para seus colaboradores do que os velhos argumentos "tem de ser assim" ou "é porque eu quero e ponto final".

As pessoas em geral não se mostram muito dispostas a seguir cegamente *amos* e *senhores*, e muito menos se deixar envolver por estratégias que parecem não ter pé nem cabeça. Cada vez mais, elas estão ansiosas por agir baseadas naquilo que entendem e acreditam. Não é à toa que muitos projetos, apesar de bem elaborados, falham. Não há comprometimento de quem deveria executar suas atividades.

7. Entenda as razões dos outros antes de dizer que eles é que não entenderam a mudança

Executivos tendem a gostar de mudanças. Via de regra, elas combinam com seus espíritos empreendedores e desafiadores. Afinal, vale a pena arriscar um pouco hoje pela dimensão do bônus que os espera depois que tudo terminar. É bom lembrar, entretanto, que, para o restante da organização, mudança significa ruptura de relacionamentos, hábitos, locais e atividades. Para essas pessoas, o preço pode ser o próprio emprego. Vantagem competitiva, janelas de oportunidade no mercado e demandas estratégicas podem ser questões muito longe da realidade delas.

8. Coloque "tempo" no cronograma

Colocamos muitas atividades em nossos cronogramas, mas esquecemos que as pessoas precisam de tempo para assimilar novidades. Além de boa informação, dê-lhes tempo para assimilar o que é novo. Mudanças instantâneas são muito mais arriscadas. Uma semana a mais no cronograma para a realização de uma série de palestras ou grupos de discussão pode ajudar a dirimir muitas dúvidas. Com isso, as pessoas se tornam mais aptas a assimilar o novo modelo, ou mesmo defendê-lo.

9. Não tente fazer tudo sozinho

Por último, e nem por isso menos importante, procure uma assessoria especializada. Como consultor, esta minha sugestão pode parecer parcial, mas o fato é que as mudanças exigem uma visão crítica para descobrir quem e o quê precisa mudar, e como este processo deve ser executado. Quando se faz parte da mudança, nossa visão tende a não ser suficientemente imparcial e clara. É por este motivo que médicos evitam tratar seus familiares e precisam consultar colegas quando não se sentem bem. Muito cuidado com a automedicação.

Procrastinação tem cura?

A palavra é feia, mas a atitude
é bem pior

O TEMPO NÃO TEM FAVORITOS. Não há quem disponha de mais de 24 horas por dia, nem de horas com mais de sessenta minutos. O tempo não tem inimigos, mas tem muita gente que odeia vê-lo passar. O tempo não é bom nem mau. Não passa rápido nem devagar. Segue sempre na mesma velocidade, na mesma toada. Mas tem muita gente que perde o passo e, quando menos espera, descobre que o tempo passou.

Lidar com o tempo exige o enfrentamento de dois grandes inimigos. Um deles é a falta de planejamento, o outro é a famigerada procrastinação. Achou a palavra feia? Pois saiba que a atitude é ainda mais horrorosa.

Imagine a seguinte situação: são mais ou menos 8h30 da segunda-feira. Você chega ao trabalho, entra na sala e senta na sua mesa, ainda pensando no *Domingão do Faustão*, na chuva que estragou os planos de pegar uma praia, na visita do cunhado. De repente, surge aquela lembrança ainda mais triste: "Hum! Preciso ligar para aquele sujeito e resolver logo o problema que ficou da semana passada. Coisa desagradável". Diante de uma tarefa chata, complicada, difícil, a estratégia mais comum é procrastinar, adiar, deixar para depois. "Quer saber?

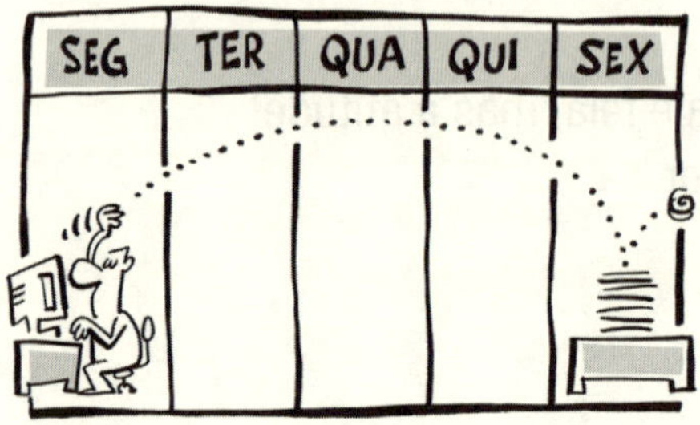

Depois eu ligo para aquele cliente chato. Até o fim da semana marco a visita. Se não der, semana que vem eu resolvo o assunto." Depois isto, depois aquilo e o dia acaba, a semana acaba, o mês acaba, e você não resolve nada.

Isso é péssimo! E de quem é a culpa? Do tempo? Não. É nossa e de nossa mania de procrastinar. Se esconder a sujeira fosse a solução para tratar as questões indesejadas, as lojas de tapetes não iam dar conta da explosão de vendas.

Mate o bicho!

Questões difíceis e não resolvidas não desaparecem num passe de mágica. É como levar para casa um filhote de jacaré. No início parece só uma lagartixa mais encorpada. Só que, não demora muito, o bicho já está devorando o pé da empregada, o *poodle* e lambendo os beiços enquanto olha para você e sua família. Dificuldade adiada não morre, não desaparece. Ela cresce. Vira monstro. Um bicho cada vez mais difícil de cuidar. Procrastinar não resolve os problemas, apenas os aumenta. A procrastinação rouba tempo e lhe ocupa a mente e o prazer de trabalhar e viver.

Uma dica: mate a procrastinação ao primeiro sinal. Amanhã mesmo, ao chegar ao escritório, prepare-se para encarar aquelas atividades chatas logo cedo. Não deixe para depois. Se é necessário telefonar para alguém e resolver uma questão delicada, faça isso sem hesitar. Entre em contato com o cliente antes mesmo de ligar para o Mário da Expedição, perguntando o resultado do futebol ou da Mega Sena. Precisa mandar um *e-mail* para propor uma reunião com um cliente difícil? Então mande logo, antes de passar adiante aquela piada sobre o presidente que está rolando na Internet. Já que deixar para depois não é suficiente para evitar o mau humor do chefe na hora de explicar que o projeto vai atrasar uma semana, então procure-o logo para conversar. É bem possível que ele também tenha lido este artigo e esteja louco para resolver os problemas chatos logo de manhã.

Não se engane: resolver assuntos delicados bem cedo não estraga o resto do dia — pelo contrário, libera você para a parte boa de seu expediente. Não deixe para amanhã. Faça logo, faça agora!

Mãe S.A.

Funcionários e empresas podem ter uma relação maternal?

Mãe é algo tão importante na vida que, ao querer elogiar alguma coisa de um jeito muito especial, usamos como referência a figura materna. Dizemos, por exemplo, que a enfermeira tratou dos pacientes como uma mãe; que a professora era como uma mãe para seus alunos; "Minha tia foi uma mãe para mim". Mãe é tão importante que até o presidente da República chora quando lembra da dele. Mãe é assim, indiscutível. O brasileiro, em especial, gosta tanto da mãe que fica furioso quando ela é envolvida numa discussão. O juiz de futebol que o diga.

As mães são muito legais, e acredito que gestores e suas organizações poderiam melhorar muito se agissem mais como elas na hora de lidar com seus recém-contratados, reconhecendo suas características individuais, dando-lhes o tempo e o suporte necessários para se desenvolverem plenamente, mas sem relaxar com a disciplina e a qualidade dos resultados produzidos.

Mãe aceita seus filhos como são

A raposa passou perto da coruja e foi logo recebendo o aviso: "Dona raposa, dona raposa, olha lá, hein? Não vá fazer nenhum mal aos meus filhotinhos". A raposa, com medo de levar umas bicadas, até que se esforçou: "Tudo bem, dona coruja, tudo bem. Só me diga quem são os seus filhotes". A coruja respondeu, cheia de orgulho: "Ah, é muito fácil. São os mais lindos da floresta."

Quem já viu um filhote de coruja sabe que os bichinhos são horríveis, por isso entende sem dificuldade por que foram eles os primeiros que a raposa comeu no café da manhã. Pobre da dona coruja. Mas o fato é que olhos de mãe são assim mesmo. Podemos até ser feios como filhotes de coruja, que ela não se importa. Mães cuidam da gente. Elas sabem que, com seu cuidado, vamos crescer e nos tornar pessoas melhores, por dentro e por fora.

As organizações também não devem esquecer que todo funcionário novo (do porteiro ao diretor) pode até ter *cara de joelho*, como um recém-nascido, mas merece uma atenção especial. Tratado da forma correta, de acordo com suas características individuais, ele terá condições de proporcionar muitas alegrias a todos.

Mãe não dá moleza

Sim, ela nos aceita como somos: gordos ou magros, altos ou baixos, cabeludos, carecas ou mesmo verdes com anteninhas (ou você acha que mãe de marciano não gosta dele?). Mas uma boa mãe não aceita que seus filhos sejam irresponsáveis, desonestos ou malcriados. Ela quer o bem

de sua prole, e por isso deixa as regras bem claras: quarto arrumado, respeito com a irmãzinha mais nova, com o coleguinha da escola, nada de palavrão e muito estudo para tirar boas notas.

A boa empresa também deve receber com cordialidade o recém-chegado, mas não pode deixar que ele transforme a liberdade e descontração do ambiente em bagunça. Empresa é lugar de trabalho, de muito respeito com os colegas, clientes e fornecedores. Nada de aceitar trabalho malfeito, passeios sem fim pela Internet. Para funcionário novo ou antigo, regras são regras.

Mãe investe na prole

O bebê chora às quatro da madrugada e a mãe levanta, mesmo no frio. Acorda, dá de mamar e troca fralda. Ela sabe que, por algum tempo, seu bebê será muito dependente dela, mas que, aos poucos, ele se desenvolverá, começará a andar com as próprias pernas. É tudo uma questão de tempo.

Da mesma forma, as organizações devem compreender que ninguém nasce sabendo. Todo mundo precisa de tempo para se adaptar. Precisa de alguém que explique coisas simples (do tipo "onde fica o toalete") e esclareça as mais complicadas (como a legislação e outras manhas do negócio). No entanto, se fizermos este investimento inicial, podemos ter certeza de que, em breve, o novo colaborador também aprenderá a *se virar* muito bem sozinho.

Sim, sabemos que tudo isso dá trabalho. Mas, afinal, que filho não dá? Por maior que seja o esforço, vale a pena. Imagine como seria bom se você, de repente, passasse pelo corredor e ouvisse o analista de *marketing* recém-contratado falar para alguém da sua equipe: "Cara, esta empresa tem sido uma mãe para mim"; e o interlocutor respondesse: "Legal! É muito bom ouvir isso". Aí ele puxa você para mais perto, coloca um braço sobre seus ombros, abre um sorriso, aponta para o seu peito (mais ou menos na altura do coração) e continua: "Mas vou te dizer: mãe mesmo, para mim, é este cara aqui, meu chefe".

Contrate preguiçosos!

A preguiça pode provocar a mente e gerar criatividade?

— Como é que é? Contratar preguiçosos? Parece papo de maluco!

— Bem... você já me conhece há bastante tempo para saber que costumo andar naquela linha bem tênue. Na porta do hospício. Se não entrar, ninguém consegue me colocar lá dentro, mas se eu fizer uma visitinha a um interno, aí não saio mais!

— Ok, tudo bem. Mas estou falando sério, e você vem com essa idéia maluca. Preciso de uma solução para o problema de desempenho da empresa, e com urgência. Ou daqui a pouco estou desempregada e você, sem cliente.

Dava para ver que a situação era grave, e eu, na verdade, não estava brincando. Ana Rita era minha conhecida há um bom tempo. Havíamos trabalhado juntos numa empresa de consultoria internacional. Eu saí para seguir a carreira como consultor independente, e ela, uns dois anos depois, tinha sido contratada por um cliente para ser sua diretora de Recursos Humanos. Ela me havia chamado para ajudá-la num processo de mudança cultural que estava implantando. Foi quando me expôs seu problema:

> Temos um grupo de gestores cuja única motivação parece ser a de manter o *status quo*. Eles adoram reuniões improdutivas, daquelas em que se discute o sexo dos anjos. Ficam argumentando sobre os detalhes dos detalhes dos detalhes dos planos, mas nunca tomam a iniciativa de colocar algum deles em ação. A empresa está perdendo mercado. Se não reagirmos, estamos mortos. O que faço?

Eu disse a ela o que deveria fazer. E foi aí que esta história começou. Gastei, então, algum tempo para explicar melhor o que estava propondo. Sei que a preguiça não é exatamente uma qualidade muito admirada, e soa estranho usá-la como atributo em contratações. Mas eu realmente achava que estava na hora de ela contratar preguiçosos. Um tipo especial de preguiçosos.

Contei que eu devia ter uns oito anos de idade quando minha mãe resolveu ter uma conversa comigo a respeito das minhas notas na escola — as quais, digamos, não estavam exatamente no nível aceitável para o filho de uma professora. "O problema é que, se você não estuda, repete o ano. Já imaginou ver toda essa matéria de novo, um ano inteiro?", alertou-me minha mãe.

Logaritmo? Afluentes?

Nossa! Aquela frase mudou a minha vida. Acabei me tornando o primeiro da classe. Não porque, de repente, começasse a gostar de estudar, mas porque não suportava a idéia de ver aquilo tudo de novo. Jamais gostei do modo burocrático de estudar, em que você precisa aprender aquela matéria, àquela hora e daquele jeito. Sem mencionar o fato de ter de conhecer assuntos que não pareciam, nem hoje me parecem, nada úteis. Afinal, que utilidade há em conhecer logaritmo, números complexos ou os afluentes do rio Amazonas? Durante toda a minha vida, nunca precisei utilizar esses conhecimentos. E era isto que me incomodava, me tirava toda a vontade de estudar.

Acho que isso é um tipo de preguiça. Uma indisposição com atividades irrelevantes, desperdício de tempo, de energia. Pior, desperdício de vida. Tanta coisa boa para fazer e a gente perdendo tempo com coisas sem importância! Como aquelas reuniões semanais em que o chefe (chefe é ótimo, não?) fala, fala, fala, dá umas broncas e todo mundo (a tribo, eu imagino) escuta com cara de "estou prestando atenção", mas, na verdade, não está nem aí. No máximo, está pensando: "Lá vem ele de novo".

O que minha amiga depois entendeu era que dispor de alguns preguiçosos seria interessante nestas situações, mas precisavam ser de um tipo especial. Gente que fica inconformada com gasto inútil de tempo e de recursos, cansada de ouvir sempre a mesma lengalenga. Gente que, cansada de mesmice, sai por aí inventando uma maneira nova, arejada de fazer as coisas. Afinal, não foram preguiçosos assim que inventaram o aqueduto ("Este negócio de ir buscar água lá longe é para maluco", diziam eles), a roda ("Nada de empurrar estas coisas pesadas para cima e para baixo; vamos fazê-las rolar”), a escada rolante, o avião? Não foram eles que acharam melhor investigar as doenças e desenvolver as vacinas do que apenas cuidar dos doentes?

Contrate preguiçosos, não aqueles que parecem adorar trabalhar, mas que, na verdade, não produzem nada, exceto calor, redundância e burocracia inútil. Falo de preguiçosos que estão sempre realizando muito porque seu foco está nos resultados, não nos processos, e que exatamente por isso não aceitam a idéia de que “as coisas são assim mesmo por aqui”. São eles que encontram o caminho mais fácil, mais barato, mais lógico, mais racional.

Já se foi a época em que nos pagavam pelo esforço. Quem contrata alguém para colocar um piano no oitavo andar em um prédio não quer saber se vai pela escada, de helicóptero ou teletransportado, como nos filmes de ficção. Quer apenas o piano lá.

Sua organização quer aumento de produtividade? Produtividade é fazer mais com menos? Então, contrate preguiçosos!

Revolução silenciosa

Você já ouviu falar dela?

— É A REVOLUÇÃO SILENCIOSA, meu amigo, é a revolução silenciosa — eu tentava explicar.

— Mas que história é essa de revolução silenciosa, de que eu nunca ouvi falar? — ele retrucou.

— Viu? É isso mesmo...

— Isso mesmo o quê? Explica direito.

— Silenciosa, entende? É por isso que você nunca ouviu falar nela. Ninguém ouviu. É si-len-ci-o-sa — insisti, abaixando o tom de voz a cada sílaba; mas ele ainda não conseguia entender.

Sei que você pode muito bem se ver na pele de meu interlocutor. É provável que também não saiba dizer que revolução silenciosa é essa, mesmo quando asseguro que ela está em plena operação, a sua volta. Sim, aí mesmo, do seu lado. Basta botar a cabeça para fora de sua baia e verá com os próprios olhos. Estou falando de ver porque ouvir, estamos de acordo, não é possível, já que ela é silenciosa.

Há alguns anos vimos uma avalanche de transformações assolando o mundo dos negócios. Entre seus agentes mais poderosos, um que todos querem esquecer, mas que, vira e mexe, ainda faz muita gente se virar e mexer na cama com sono perdido e pesadelo achado: a reengenharia. Era o nome da mãe do tal de *downsizing*, que era para ser um *rightsizing*, mas acabou virando uma guilhotina insaciável. É um processo que ainda tem muita força para transformar o primeiro alto executivo de hoje no último na fila de emprego de amanhã.

A coisa ficou muito complicada. Milhares e milhares de postos de trabalho foram cortados e, com eles, seus antigos ocupantes. O mais impressionante é que todos esses empregos foram cortados em milhares de empresas. Foi um massacre. Muito sangue derramado. Por quê? Simples: para aumentar a eficiência e garantir maior competitividade para empresas — muitas das quais, diga-se de passagem, nem existem mais.

Che de gravata

E a revolução silenciosa com isso? A RS (nome em código para evitar ações repressivas pelos órgãos de segurança corporativos) foi instaurada exatamente nos porões da reengenharia. Destituídos de qualquer noção de segurança, respeito ou significado, e vendo seus colegas serem trucidados à velocidade de mil por dia, os chamados "sobreviventes" dos processos de reestruturação revoltaram-se. Mas o fizeram silenciosamente.

Hoje a principal arma de ataque da ação revolucionária da RS é, simplesmente, um conjunto de teclas: "Alt" e "Tab". Imagine a cena: o revolucionário, completamente desconectado dos interesses do negócio, está lá na Internet, totalmente conectado no site que mais lhe interessa (nem precioso dizer qual, conto com a sua imaginação). De repente, pé ante pé, ele percebe a aproximação do gerente. Antes que consiga colocar a cabeça para dentro de sua trincheira, ou melhor, baia, esse *Che Guevera* de gravata, numa fração de segundo, aciona as teclar "Alt" e "Tab", e aquela tela inebriante da Internet é substituída pela morbidez e complexidade de uma planilha de cálculo digna de um Nobel de matemática.

— E aí — pergunta o ingênuo gerente —, tudo bem?
— Tudo bem nada! — responde o astuto guerrilheiro.
— Dê uma olhada — e aponta para aquela tela, mais parecida com o mapa do inferno escrito em chinês.
— É mesmo, é mesmo — diz o gerente, enquanto sai, andando de costas, pensando com seus botões que, de repente, se bobear, ainda sobra algum trabalho para ele.

Delírio? Razão para desconectar todo mundo da Internet na empresa? Nem uma coisa nem outra, apenas mais uma demonstração da força de um ataque da revolução silenciosa.

Quando processos de transformação organizacional, como a reengenharia e muitos outros que continuamos a realizar, ignoram completamente o lado humano da organização, lá se vai a alma dos sobreviventes. Aniquila-se o contrato implícito de parceria, hoje tão na moda, mas ainda tão fora da realidade, e se estabelece apenas o domínio da busca desenfreada de retorno rápido, em que gente não é parceiro, é acessório.

Diante dessa situação, enxergo dois caminhos. Um deles é árduo, complexo, e vai exigir de todos uma revisão profunda da harmonia dos interesses das organizações, do ser humano e da sociedade. É um processo que, em uma época de "tudo para ontem" como a atual, pode soar herético, pois demandará um bom tempo. Entretanto, é o caminho para uma solução sólida, cujos frutos serão reais e sadios.

O outro caminho é bem mais tranqüilo. Basta deixar as coisas como estão: as organizações simplesmente continuam sofrendo com ataques de "Alt" e "Tab" nos teclados, na mente e no coração de seus colaboradores. Já que, agindo assim, os resultados positivos e verdadeiros não virão mesmo, é só partir para a maquiagem dos balanços.

Alguém pediu um *blush*?

Liga Mundial: a vitória também foi fora da quadra

Um exemplo verde-e-amarelo de liderança

O TEMA "LIDERANÇA" tem sido o foco principal dos meus estudos, e ao deparar com as qualidades de liderança do senhor Bernardo Rocha de Rezende, o Bernardinho, a sensação que tenho deve ser a mesma que teria um paleontólogo que, de repente, se visse frente a frente com um dinossauro vivo. Estudar casos e mais casos para tentar descobrir os meandros de um assunto é uma coisa, mas ver alguém de carne e osso representar tão bem alguns dos aspectos mais importantes do que é ser um líder é uma grande satisfação. Maior ainda quando se está cansado de ler tantos livros e artigos em que os exemplos são sempre de personagens estrangeiros.

Esse caso é bem diferente. Está aí. Ao vivo e em cores. Brasileiro. Acessível. Quero homenageá-lo, e a todos os de sua equipe, pelas muitas conquistas da seleção brasileira de vôlei destacando algumas das qualidades demonstradas por ele, exemplo para qualquer pessoa responsável por liderar equipes. Falo baseado nas impressões fortes que tive ao ouvir algumas de suas entrevistas e na convicção de que só realmente um líder de altíssima qualidade poderia levar seu time a todas as dez finais de campeonatos de que participou, ganhar oito e obter 87 vitórias em uma centena de jogos disputados. Ao falar de suas qualidades, reconheço igualmente a sede, o cansaço e as dores de cada um de seus atletas durante a final da Liga Mundial de Vôlei de 2003, naquele quinto *set* disputadíssimo.

Sede

Quem diz que sabe tudo só deixa evidente sua ingenuidade: sabe tão pouco a ponto de não saber quanto ainda não sabe. Só aprende quem é humilde para se submeter ao processo de ser ensinado por pessoas (a maneira mais nobre), pelas circunstâncias (a mais sábia), pelos seus erros (a mais dolorosa) e pelos erros dos outros (a mais fácil).

Bernardinho tem sede de crescer. De aprender. Aprende de todas as formas possíveis. Aprendeu quando era jogador para poder se tornar bom técnico. Continua aprendendo para ser o melhor deles. Não se conforma com o que já sabe, nem com o que já alcançou, nem com quem já é. Mal acabou de vencer um campeonato, já está com a cabeça no próximo. Um de seus hábitos é uma das dicas mais importantes para todos que querem se desenvolver: ele lê muito. Aprende com a riqueza das experiências dos outros.

Cansaço

Para quem tem um histórico de vitórias tão extraordinário, seria muito fácil se embriagar com a fama e relaxar. Ele, entretanto, prefere não deixar que o transformem em um deus. Digite "Bernardinho" em *sites* de busca e ficará tão frustrado quanto eu. São pouquíssimas as informações que se colhem dele na Internet. As fotos, raras. Nenhuma *homepage* particular. Demonstra ainda essa preocupação quando, mesmo sem abafar o carisma de alguns talentos, trabalha incansavelmente para que a estrela seja o time, e não um ou outro jogador. Não é por acaso que não dispõe de reservas. Tem, na realidade, doze titulares.

Dor

Com sabedoria, alguém disse que as pessoas perguntam primeiro com quê o líder se importa antes de querer saber aquilo que deseja delas. Bernardinho tem dado uma aula de liderança ao se envolver de verdade com as pessoas que vestem os uniformes da seleção. Identifica suas características, suas necessidades de desenvolvimento e extrai o máximo de seu potencial. Participa. Mostra. Dá o exemplo. Quando é preciso, enxuga a quadra.

Alguns, porém, se chocam com seu nervosismo ao esbravejar na lateral da quadra a cada ponto perdido, a cada passe mal executado.

Particularmente, acho que é seu jeito de simpatizar com a dor, o cansaço, o suor e a vibração de cada um dos seus pupilos na quadra.

Para ser sincero, acho que a vitória na Liga Mundial, como todas as demais, é fácil de explicar: os outros times tiveram apenas seis jogadores na quadra de cada vez. Nós sempre tivemos sete.

Mister Magoo, Robocop e a Bela Adormecida

O que não falta são modelos de má gestão

> A MAIORIA DE NOSSOS FUNCIONÁRIOS utiliza somente 5% ou 10% de sua capacidade no trabalho. Apenas quando vão para casa é que se vêem livres para usar os outros 90% ou 95% para lidar com seus assuntos pessoais, liderar uma equipe de escoteiros ou construir uma casa na praia. Devemos ser capazes de reconhecer e utilizar esse potencial não explorado que cada indivíduo traz para o serviço todos os dias.[1]

A citação acima é de Percy Barnevik — na época, presidente mundial da ASEA Brown Bovery, grupo empresarial que emprega mais de cem mil pessoas em uma centena de países e fatura mais de 23 bilhões de dólares. Não é estranho que as organizações negligenciem tanto o imenso potencial das pessoas? Que elas continuem simplesmente ignorando a fonte de onde jorrariam exatamente as condições para alcançar aquelas metas de negócio que tanto são discutidas nas reuniões de diretoria?

[1]"Novas formas de gerenciar", revista HSM *Management*, volume 1.

No entanto, temos de acreditar que, independentemente da postura de nossa organização no que se refere a seus talentos humanos, nós, gestores de equipes, precisamos assumir nossa parcela de responsabilidade e alterar significativamente esse quadro. Devemos ter a capacidade de nos relacionar com cada membro de nossas equipes de uma forma mais produtiva do que os modelos de gestão que se vêem por aí.

Alguns agem como o *gerente-baby*, aquele que não tem preocupações com o desenvolvimento de sua equipe, já que, afinal, nem imagina que é da capacidade dela que vem o seu sustento. Na cabeça desse tipo de gerente, nos dias 15 e 30 de cada mês a empresa, que pensa ser sua mãe, deposita gentilmente a *papinha* na conta-salário. O *gerente-baby* vive leve e feliz, brincando com sua equipe em vez de oferecer-lhe oportunidades reais de crescimento. Não se dá conta, entretanto, que anda brincando com fogo.

O *gerente-Magoo* é ainda mais terrível. Já cresceu, está ficando careca de saber tudo sobre a área técnica, mas como Mister Magoo, personagem do desenho animado, ainda não consegue enxergar as pessoas que estão um palmo adiante de seu nariz. Para ele tudo vai muito bem, mesmo quando tudo vai muito mal. O que importa são apenas os números, não o que se passa com as pessoas. Não se preocupa com sua equipe porque, na verdade, não consegue nem enxergar que ela existe.

A seguir temos o *gerente-paizão*. Todas as vezes que entramos em sua sala para falar sobre uma oportunidade de desenvolvimento ou para discutir uma proposta de solução para o clima ruim de nossa equipe, ele nos escuta com toda a paciência do mundo, mas, na verdade, não quer ouvir falar de soluções porque solução dá muito trabalho. "Vai passar, vai passar", diz ele com aquela voz suave e a mão em nosso ombro, enquanto abre a porta de sua sala, indicando a saída. "Com o tempo, tudo isto vai passar, meu filho, tudo vai passar."

Tecnologia ou mágica

Outro tipo bastante comum de gestor de nossos tempos é o *gerente-Robocop*. Para ele, tudo se resolve com um híbrido de tecnologia e força. Se existe um problema organizacional, a solução é um novo *software* ou uma nova teoria organizacional: os cinco "s", os três "l" ou os 25 "j". Mas se o problema é de relacionamento com outra área da organização, com algum colega, parceiro, cliente ou fornecedor, é porque, como ele diz, "você é muito mole, meu chapa". Por essa *sensibilidade* toda é que alguns *gerentes-Robocops* são conhecidos também como *gerentes-pitbulls*. Para eles, equipe é um monte de gente que trabalha junto, funcionários de um mesmo centro de custo, que têm o mesmo sobrenome — @nossaempresa.com.br — e cujo único objetivo é ganhar dos outros, mesmo que esses "outros" sejam da mesma empresa ou os clientes.

Entretanto o tipo mais estranho de gestor alienado de suas responsabilidades de identificar as oportunidades de crescimento de cada membro de sua equipe e de ajudá-los a desenvolver seu potencial é o *gerente-esotérico*. Para ele, as coisas se resolverão num passe de mágica. De repente, sem que precise investir um tostão de seu tempo ou de sua energia, sem que dê à equipe nenhum estímulo que a faça crescer, *zás!*, ela se tornará uma equipe de alto desempenho. Ele acredita que forças cósmicas resolverão todos os problemas de relacionamento e desempenho que existem na equipe e entre ela e o restante da organização. Pobres daqueles envolvidos com esse tipo de gerente. A eles, só resta orar para que um dos dois — equipe ou gestor — arranje um novo emprego.

Mas não cochile. É bom lembrar que, ainda hoje, um desses gerentes que trabalha para o seu concorrente pode resolver mudar. Nesse caso, o aproveitamento de boa parte dos 90% ou 95% do potencial da equipe dele que estavam sendo mal aproveitados serão o diferencial competitivo que pode levá-los a conquistar uma fatia do bolo de mercado que até ontem era sua. Portanto nada de ser um *gerente-Bela Adormecida*. Mãos à obra!

Era uma vez...

... um reino distante em que todos
eram mais ou menos felizes

Bem, pelo menos não tinham muito do que se queixar. Todo mundo tinha casa, roupa, escola, hospital, trabalho e comia três vezes por dia. É verdade que o povo mesmo não comia carne, mas, ainda assim, comia muito bem, já que no reino havia uma profusão de frutas, cereais, legumes e verduras. Mas carne mesmo, só quem comia era o rei e sua corte.

Viviam eles, então, mais ou menos felizes, até que um dia apareceu um forasteiro trazendo um novo animal abatido que ele dizia ser "a maior iguaria que alguém poderia provar". Dizia também que apenas os reis e as cortes mais importantes de toda a Terra (e dizia isto apontado para o horizonte e dando uma volta completa em torno de si mesmo) tinham usufruído. Quando soube daquilo, o rei (que não podia admitir que ficava para trás perante os demais reinos da Terra) convocou seu ministro do Tesouro e empenhou até as cuecas para comprar aquela preciosidade gastronômica.

Dias depois, após um preparo meticuloso, a *obra de arte* foi servida como prato principal para o rei e sua corte. No entanto, o que o caçador não tinha contado era que o prato trazia consigo um pequeno efeito colateral: as fibras da deliciosa carne ficavam presas entre os dentes de quem a comia, naquele desconforto atroz que todos conhecemos muito bem. E como ainda não tinha sido inventado o fio dental, o nobre caçador (nobre porque, com o dinheiro que ganhou do rei, ficou tão rico que comprou muitas terras e um título de duque) recomendou que o monarca unisse o útil ao agradável, lançando um concurso para a escolha do melhor palito de dentes do reino. O prêmio era tão maravilhoso que muita gente vendeu tudo o que tinha, endividou-se quanto podia e não podia para montar uma oficina de fabricação de palito de dente.

Vendedor de soluções

Todo mundo só pensava nisso, e acabou esquecendo de cuidar dos filhos, da esposa e até da saúde. Só se pensava nisso: quem conseguiria produzir o melhor e mais perfeito palito de dente? O duque de Solution (passou a ser este seu nome de nobreza) vendeu, a quem podia e queria, soluções das mais variadas. Quem pôde e quis comprou-as todas. O rebuliço que virou o reino é difícil de descrever, mas o que se sabe é que não se podia mais contar quantas árvores foram derrubadas e totalmente inutilizadas porque se dizia que era preciso o coração de uma árvore para produzir um palito de verdadeira qualidade. Espécies centenárias, tão altas quanto prédios de dez andares, foram reduzidas a um só palito.

Foi neste momento que começou a faltar madeira para construir casas. Pior: até as casas que existiam foram primeiramente vendidas, depois transformadas em palitos. Mas, é bem verdade, ninguém queria mesmo construir casas, apenas palitos. Um palito. E com ele ganhar milhões, bilhões, trilhões.

Em seguida foram abaixo as árvores frutíferas porque, diziam os especialistas do duque, um palito de uma macieira teria sabor de maçã; o de uma pereira, pêra; e isso certamente seria um grande diferencial competitivo para seu idealizador. Foi aí que começou a fome no reino. Ninguém mais plantava. Ninguém mais colhia. Todos queriam apenas fabricar um palito. E foi assim que aquele reino, onde as pessoas eram mais ou menos felizes, pois tinham casa, comida, roupa, escolas e hospitais, virou um deserto. Não havia mais casas, nem comida, nem roupa, nem trabalho, nem escola, nem famílias. Nem reino.

Nós e o reino

Às vezes, fico pensando se não vivemos em reinos como aquele, onde reis e suas cortes estão preocupados com os fiapos de carne nos dentes, que são apenas o fruto de uma ganância de querer mais. Reis que não entenderam que sua posição não é um privilégio, mas uma grande obrigação, e não assumiram sua responsabilidade de zelar pelo interesse de todos. Quando digo reis e cortes, não me refiro apenas a governantes, a políticos, a magistrados, mas a todos aqueles que, tendo uma posição social e econômica privilegiada, pensam apenas em ter um pouco mais, mesmo que isso signifique que a maioria continuará tendo muito menos.

Da mesma forma, não posso deixar de pensar que nós todos somos muito parecidos com o povo daquele reino. Estamos deixando de lado nossa família, destruindo nosso casamento, esquecendo de dar atenção a nossos filhos, estraçalhando nossa saúde, esmigalhando nosso patrimônio com dívidas e mais dívidas. Estamos trocando um estilo de vida que achamos apenas mais ou menos feliz pela fantasia de um dia fabricar um palito de dentes maravilhoso, e com ele ganhar o concurso que nos fará ricos do dia para a noite.

O que mais me assusta é que recursos estão sendo consumidos apenas para satisfazer a ganância de uns poucos em detrimento das necessidades de muitos. Quando, por exemplo, uma empresa quebra por má administração ou por falta de ética e visão social de seus administradores, empregos são perdidos, fornecedores também quebram e clientes deixam de ter suas necessidades atendidas. Todo o esforço humano e todos os recursos materiais empregados durante anos para gerar riqueza e bem-estar simplesmente desaparecem, deixando para trás montes de serragem inútil.

Reis, cortes e povos precisam compreender que seguir nesta estratégia de destruir pessoas, empresas, empregos, meio ambiente, harmonia familiar, saúde e bem-estar social em troca de palitos de dentes é o caminho para um beco escuro. E não será mais uma solução do duque que nos tirará desse beco. Cada um de nós precisa urgentemente rever seus valores, seus objetivos pessoais e práticas cotidianas.

Sim, e o Duque? Como vai? Segundo ele, vai muito bem. Acaba de abrir um novo negócio: exportação de caças raras.

As duas faces da mesma moeda

Nossos interesses podem
estar fora de foco

FECHE OS OLHOS. Ou melhor, abra, senão não poderá continuar a leitura. Imagine então todas as coisas que você já desejou e achava impossível ter um dia. Seja lá o que for. A bolsa Prada, o relógio Patek Philippe, a caneta Mont Blanc, a casa nas montanhas, o apartamento de cinco quartos na praia, a lancha, o veleiro, os três carros importados. Ou — quem sabe? — as honras de uma posição: gerente, diretor, presidente, artilheiro do campeonato, presidente da República, dono da Microsoft.

Talvez o seu desejo seja apenas o de ter muito, muito, muito dinheiro. Um banco cheio. Todas as moedas da caixa forte do Tio Patinhas, incluindo a moedinha número 1, e ainda, de quebra, o talento de Walt Disney e Picassso juntos. Ou será que você sonha ainda mais alto: chegar ao topo do monte Everest, à Lua, a Marte? Falando em astros, talvez desejasse se tornar artista ou estrela de cinema. Ficar tão famoso ou famosa que os líderes de seu fã-clube fossem o Michael Jackson e a Madonna. Ou conquistar o campeonato de Fórmula 1, ultrapassando o campeão da temporada na última curva e recebendo o troféu, com um beijo, das mãos da atriz ou ator de sua preferência.

Entretanto, imagine se você não tivesse com quem compartilhar essas conquistas. Que você fosse o único habitante do planeta e que ninguém, nem amigos, nem parentes, nem inimigos, nem desafetos, pudessem presenciar o seu sucesso. Talvez assim você compreendesse que muito do que desejamos obter para nós mesmos nada mais é do que uma necessidade de nos exibir para outras pessoas. É como seguir o mesmo raciocínio segundo o qual as mulheres não se enfeitam para si mesmas ou para os homens, mas para as outras mulheres. Afinal, que homem se importa se o tom bege azulado da pulseira não combina com o azul-esverdeado da lente de contato nova? Ou que marido consegue notar que a esposa depilou as sobrancelhas? Ou que a Rita, esposa do Márcio, repetiu o brinco pela terceira vez nesta década?

Muito do nosso prazer em ter — posição, destaque ou bens — está muito mais ligado à sensação de superioridade em relação ao outro que não tem (para nos igualarmos ou superarmos àqueles que já têm) do que à conquista em si. Assim, nosso foco é muito maior na impressão causada nas outras pessoas do que na obtenção de algo. A isto chamamos "ostentação", uma postura que todos dizem repudiar, mas à qual muitos de nós estão presos. Ou será que você precisaria mesmo trocar de celular (carro, casa, emprego) não fosse a necessidade que sente de ficar *bem na fita* diante dos outros?

Ostentação às avessas

Entretanto, há, sim, algo de bom que podemos aprender da ostentação: é o foco no outro, que podemos sabiamente transformar em compaixão, uma atitude muito mais nobre e que todos devemos perseguir. Compaixão é, em certo sentido, uma forma de ostentação às avessas. Interessamo-nos pelo outro não pelo que possui, mas pelo que necessita. Não para superá-lo, mas para permitir que, pelo menos, nos alcance. Não para despertar nele a inveja pelo nosso sucesso, mas para despertar em nós a disposição de ajudá-lo a alcançar o próprio êxito.

Quanto mais compassivos nos tornamos, mais percebemos quão privilegiada é nossa situação em relação a tantos outros. Entretanto, em vez de uma insaciável sede de querer mais e mais apenas para impressionar nosso vizinho, temos a incansável ambição de conquistar os meios para satisfazer as necessidades do próximo. Isso demonstra que não precisamos deixar os projetos de sucesso para nos tornarmos compassivos. Pelo contrário, como faz o pesquisador que se dedica dia e noite a descobrir a cura de uma doença, ao compreendermos o peso que as carências do outro exercem sobre suas costas, podemos muito bem ter como ambição alcançar sucesso em nossa busca por uma solução que alivie esse peso.

Assim como o oposto do amor não é o ódio, o oposto da compaixão não é a ostentação. O oposto do amor e da compaixão é a indiferença. É esquecer que o outro existe. É esquecer que o outro precisa de nós. É esquecer que nós precisamos do outro.

Que tipo de arma você carrega?

Apesar de toda a violência, o melhor tipo de munição ainda são os valores

MORO EM UMA CIDADE DO INTERIOR de São Paulo e fico espantando ao ver que, de uns anos para cá, muito do estresse com a violência, um problema típico das capitais, já faz parte de meu dia-a-dia também. Eu e minha mulher começamos a temer que nossa filha saia sozinha até mesmo para ir à escola, que fica a menos de um quilômetro de casa. Passamos a ter o dissabor de ouvir a história do constrangimento do nosso filho pré-vestibulando ameaçado no ponto de ônibus por dois marginais mirins se preparando, eles também, para se graduar em suas especialidades. Triste quadro.

Diante de tanta violência, muitos acreditam que a solução é se armar. Os que podem mais compram casa em condomínio fechado e se armam com segurança privada 24 horas por dia. Protegem-se atrás da armadura de seu carro blindado. Outros que dispõem de menos recursos apelam para o uso de alguma arma de fogo guardada na gaveta do criado-mudo ou sob o travesseiro, esperando que ela lhes garanta um sono tranqüilo.

Parecem todos esquecer que precisam andar nas ruas, que seus filhos não podem deixar de ir à escola, que o *shopping* fica lá fora. É como se fingissem não saber que até mesmo em casa não existe garantia de segurança. Não podemos continuar imaginando que podemos criar *ilhas de fantasia* e viver à margem do restante da sociedade — ou será que a sociedade é que vive à margem de nossas *ilhas de fantasia*?

Esquecemos, muitos de nós, que somos parte do problema, não apenas vítimas inocentes. Pense em quantas pessoas vivem atrás de uma oportunidade de levar vantagem sobre os outros, aqui e ali, seja na hora de parar o carro na vaga dos portadores de necessidades especiais no estacionamento do supermercado ou guardando rapidamente no bolso aquele troco recebido a mais. E daí por diante.

Algumas pessoas se armam no espírito, mas quando se trata do caráter estão absolutamente vulneráveis. É gente que se vende por dinheiro. Não importa quanto, se um tostão ou um milhão, a falta de caráter é a mesma. Tem armas, tem dinheiro, tem casa em condomínio fechado, mas lhe faltam os bons valores.

Gente que vai à luta

Há pessoas que, mesmo sem carregar uma pistola ou um fuzil, caminham fortemente armadas: elas se municiam de um poder de construção de bem-estar e paz. Gente assim tem uma profunda convicção daquilo em que acredita, e não desiste. Não se vende. Pelo contrário, está disposta a realizar seus ideais, seja qual for o preço a pagar.

Seres humanos dessa estatura não abrem mão de seus valores. Não os trocam por dinheiro ou outras riquezas materiais. Eles vão à luta, armados de princípios e de amor ao próximo. São pessoas tão firmes em seus alicerces morais que, para impedi-las de continuar com sua missão, é necessário reunir uma grande quantidade de ódio cego e ignorância. Um caminhão. E mais de setecentos quilos de dinamite.

Este texto é uma homenagem ao embaixador Sérgio Vieira de Mello, morto em atentado à sede da ONU em Bagdá em 19 de agosto de 2003. Um verdadeiro herói que colocou o interesse dos outros acima do seu, as pessoas antes das coisas e sua vida a serviço da humanidade. Um exemplo inspirador que não pode ser esquecido.

As piores empresas para trabalhar

São as simples empresas

QUASE *PERDI A CRIANÇA*. Aborto espontâneo diante do susto de ver a idéia do tema deste artigo estampada em uma revista de circulação nacional. Pior: descobri no mesmo dia que duas outras publicações do mês tratavam basicamente do mesmo assunto: o que faz (ou não faz) uma empresa ser um bom (ou mau) lugar para trabalhar.

Recuperado do susto, restava-me conhecer o ponto de vista das publicações e de seus especialistas consultados. Se eles estão absolutamente certos ou errados, ou razoavelmente certos ou errados, julgue o leitor. No entanto, surpreende-me que muitos ainda falem de gestão de pessoas e de motivação de funcionários. Estranho ver que, depois de tanta literatura disponível com qualidade e profundidade, ainda se discutam alguns assuntos com superficialidade indevida.

Não que eu espere uma análise profunda e acadêmica publicada em um veículo de comunicação de massa (até que não seria mal, mas sei que não costuma ser assim). Aceito o fato de o leitor querer algo bem prático, algo que possa colocar em execução no dia seguinte, ou mesmo na segunda-feira seguinte, junto com o início da dieta. Compreendo também seu interesse em ouvir a opinião de pessoas da área, mas, se alguém precisa localizar uma rua e pede informação a um transeunte desinformado, que orienta essa pessoa de forma irresponsável, ela vai se perder ainda mais, e aí o caso é mais grave.

Casa grande e senzala

Voltemos aos termos. O que é realmente gestão de pessoas? Seria, talvez, uma forma abreviada para gestação de pessoas? Devemos consultar um obstetra para ser melhor esclarecidos? Quem dera a confusão fosse só esta. Gerir pessoas é algo tão moderno quanto o carro de boi. Gerir pessoas ou gerir algo das pessoas? Seu trabalho ou sua falta de vontade de trabalhar? Ainda estamos em plena colonização, decidindo se os negros são mais ou menos fujões e se os índios são muito indolentes? Não, certamente já evoluímos demais nosso modelo de gestão de pessoas (blah...) e agora talvez estejamos em tempos e métodos.

"E aí Picasso, quantos metros de tela já pintou hoje?".

Perfeito. Estamos a um passo da completa escuridão. Talento humano não se gerencia, se reverencia. Como escreveu um dos maiores mestre da relação proprietário-colaborador, o admirável Max DePree: "Não sabíamos se o nosso encarregado de manutenção era um poeta ou se um poeta era nosso encarregado de manutenção".

Há muito mais riqueza dentro de um ser humano do que podem declarar nossas descrições de cargo. Há muito mais a ser despertado no potencial humano do que aquilo que pode ser gerenciado.

Parem, por favor, parem de falar em gestão de pessoas! Pessoas não necessitam de gestão, mas de liderança, de inspiração. De líderes inspirados. De líderes inspiradores. E também não precisam de motivação. "Cruz credo", dirão, indignados, os gerentes. "Se o meu pessoal não estiver motivado, como vamos alcançar as metas do quadrimestre? E as do trimestre? E as da semana? E as de hoje?".

Leiam as boas referências bibliográficas. Estudem um pouco mais da sutileza do tema e verão que a grande arma dos gestores é a desmotivação. Motivo todos trazem de nascença. Ninguém precisa ser ensinado nem motivado a ter fome, sede, necessidade de realização pessoal. Todos trouxemos do útero materno esses motivos.

Motivação é algo que vem *de* dentro, não *para* dentro. O que vai para dentro é má qualidade das instalações, baixos salários, desrespeito, tratamento injusto, falta de oportunidade de ser feliz. Motivado está o colaborador recém-contratado no seu primeiro dia trabalho. Desmotivado ele estará dentro de três meses, segundo afirmam pesquisas a respeito.[1] E a culpa, garanto, na grande maioria dos casos, não será dele.

É bom e todos gostam

As piores empresas para trabalhar são todas que ainda são empresas. Todas que têm um fim em si mesmas, ou no *bottom line* seus balanços. E isso sem falar de balanço social. Será que nos tornamos tão insensíveis e ignorantes que esquecemos que o objetivo das organizações é exatamente atender necessidades sociais? Que isto não é *plus*, um adendo, nem uma parte da estratégia de *marketing*?

Explorar uma instituição de ensino, por exemplo, não é um jeito legal de ganhar muito dinheiro, colocando um monte de gente dentro de uma sala em cárcere privado para assistir a um arremedo de aula que, na verdade, é uma cópia malfeita do capítulo do livro que o suposto professor nem leu, ou aqueles seminários que os alunos apresentam por um semestre inteiro enquanto o *mestre* cochila no fundo da sala.

Um hospital não é um prédio grande e branco (às vezes, já bem desbotado) com cheiro de éter e som de sofrimento, onde uma máfia vestida de pureza se engalfinha pelas melhores oportunidades de fazer um *por fora*, mesmo que tenha que meter um bisturi por dentro de quem nem precisava de cirurgia.

Já que estamos falando sobre cirurgia, recomendo extirpar, arrancar este mal pela raiz. Vamos parar de

[1]V. Daniel Goleman, *O poder da inteligência emocional.*

pensar em como gerenciar pessoas ou como motivá-las. Façamos uma *gerencictomia* e uma *motivacictomia* radicais de nossa mente poluída por métodos e metodologias do tipo "abracadabra", e compremos urgentemente uma idéia até bem simples, mas de enorme profundidade. Comecemos com respeito. É muito bom e todo mundo gosta.

Os exterminadores do presente

A cultura de violência começa na negligência com princípios básicos de respeito

— COM LICENÇA? MORREU.

— Muito obrigado? Morreu.

— Desculpe-me? Morreu.

Poderíamos continuar preenchendo a lista com muitos, muitos outros exemplos. São frases repletas de profundo significado, e que deixam um número — lamento dizer — cada vez menor de pessoas com ar de indignação e questionamento: o que aconteceu com a gentileza, a educação, os bons modos, o respeito pelos demais? Onde foi parar a gratidão? Morreram?

Vejamos um caso dos mais comuns. Nestes tempos de *spam* (aquelas mensagens de *e-mail* de remetentes desconhecidos com conteúdos indesejados) não podemos esperar que alguém

responda a cada mensagem de *marketing* abusivo que recebe. Imagine só:

> Prezados senhores,
>
> Agradeço muitíssimo a gentileza de me enviarem 272 mensagens apenas neste mês anunciando os serviços de cassino virtual que sua respeitadíssima organização oferece. Aproveito também para demonstrar meu mais sincero apreço pela gentileza de oferecer a outros remetentes de spams meus dados pessoais que forneci aos senhores quando pensava participar de um recadastramento de dados do banco do qual sou correntista.
>
> Atenciosamente,
> Ingênuo da Silva

Sim, seria ingenuidade redigir um *e-mail* como este, tanto quanto esperar a resposta pessoal de todos os milhares de assinantes a cada envio de nosso boletim eletrônico. Mas não é razoável que eu pasme por não receber resposta de mensagens que endereço única e exclusivamente a um destinatário? Ainda mais quando mando uma mensagem para aquela pessoa cheia de pressa, daquela empresa que tinha urgência para uma proposta urgente que urgentemente seria avaliada e urgentemente seria aceita para que urgentemente o projeto iniciasse. Acaba em silêncio eterno nas comunicações assim que gasto horas preciosas preparando a proposta e enviando-a com a máxima urgência. Nem um "obrigado, recebemos sua proposta"? Não, nem isso!

Que dizer daqueles que escrevem pedindo algo, mas o fazem como se estivessem mandando (preciso disto ou daquilo), ou os que escrevem coisas estranhas do tipo "quero saber como coloco meu currículo no banco de dados de vocês"? Que "banco de currículos", se não somos agência de empregos, mas, uma empresa de desenvolvimento humano e organizacional?

Mas deixa para lá. Mesmo vindo desta forma pouco gentil ou estranha, fazemos questão de responder a cada mensagem que recebemos. Mesmo que seja de uma estudante alemã que não fala português, mas demonstra interesse em trabalhar conosco aqui no Brasil (felizmente, ela nos escreveu em inglês). Sem problemas. O que nos custa ser gentis, dedicar três minutos para escrever uma resposta? E a mensagem dela, agradecendo pela atenção? Bom, parece que lá na Alemanha eles também estão enterrando os bons modos.

Esperteza ou desrespeito?

Se o mundo ficou mais descontraído; se já não é tão estranho que empresas tenham instituído o *casual day everyday*; se deixou de ser incomum reuniões de negócio sem terno e gravata, mesmo em um banco de investimentos na avenida Paulista ou na Rio Branco; se a calça jeans e o tênis não são mais pecado no ambiente de trabalho; enfim, se tudo mudou tanto, não há por que ser reacionário. Na vida, na sociedade, a única constância é a mudança. Caso contrário, ainda estaríamos vestindo a folha de parreira do modelito lançado por Adão e Eva há milênios.

Com ou sem *piercing*, com ou sem tatuagem, pouco ou nada nos deve interessar. São assuntos de ordem pessoal. Uma das mais propaladas conquistas (tenho lá minhas dúvidas) do mundo moderno é a liberdade individual. Mas apenas a individual. Quando o fulano acha que é *"ixperto"* e pára na vaga para deficientes, ele não está sendo nem esperto nem exercendo sua liberdade individual: está invadindo agressiva e criminosamente o direito de outra pessoa. Quem fuma em recinto fechado faz o mesmo. Quem pára em fila dupla "só para dar um pulinho ali e voltar rapidinho" comete erro similar.

Todos nós reclamamos e sofremos com a escalada da violência urbana (e da rural também, diga-se de passagem), mas parecemos esquecer que a produzimos diariamente até antes de acordar quando puxamos a coberta para o nosso lado e deixamos o cônjuge descoberto. Ou quando acordamos mal-humorados (às vezes porque passamos frio à noite, entende?) e começamos o dia com respostas como "bom dia por quê?" e saímos distribuindo mau humor pela casa toda e chutando o cachorro. Ou quando desrespeitamos a faxineira, que além de não ser registrada, não pode receber aumento de poucos reais porque "o negócio não tá sopa, não, dona Francisca"!

Criamos um ambiente de violência doméstica, que transborda e atinge nossos filhos — aqueles santinhos, crianças perfeitas, educadas pela babá eletrônica chamada "televisão". E lá se vão os filhos, estragados com a *overdose* de violência dos filmes *instrutivos* de "exterminadores", "robocops" e outros heróis cheio de ódio para dar, contaminados pela carnificina de *videogames* que poderiam pleitear patrocínio do Banco de Sangue do Hospital das Clínicas, influenciados pelas tramas dos seriados importados:

> — Quem é mesmo a namorada atual de Jerry, é a Liza?
> — Não! A Liza foi aquela que envenenou o Dan porque descobriu, tipo assim, que ele era namorado da Anne, que saía com o Gerry.
> — Jerry?
> — Não! Gerry! Aquele que assaltou o banco e teve de matar aquele policial. Mas é o herói. Só assaltou o banco porque, quando era criança, o pai dele matou a mulher.

Assim, nossos filhos vão para a escola cheios de definições *maduras* e *claras* do que é certo e errado, aceitável ou não, desejável ou não. Vão torturar psicologicamente seus colegas de outros credos, os mais gordos, os que se dedicam aos estudos, os menos entrosados, os "caretas", os pobres ou menos ricos, os que não possuem celular. Vão pedir pedágio para deixar alguém usar o banheiro e gastar a graninha extra experimentando um "barato legal". *Tá ligado, mano véio?*

Quer mudar de fato?

São apenas exemplos do mundo dito virtual e do mundo dito real. Os problemas certamente habitam os dois universos. Em troca de um punhado de sucesso, de um pouco mais de conforto, de correr um pouco mais para ganhar um pouco mais de dinheiro, para comprar um carro um pouco mais novo, um apartamento um pouco maior, decidimos deixar de lado o cuidado de algo tão importante quanto a educação e o respeito nas relações interpessoais e com a sociedade.

Bem lá no fundo — ou até nem tão fundo assim, já que vive transbordando — está uma convicção absurda de que os outros só vieram ao mundo para nos servir; que o mundo, de fato, só existe para isso; que não precisamos ser gratos por nada e a ninguém. Se uma pessoa faz algo bom, é por pura obrigação. Ou, no melhor dos casos, porque eu pago e pronto.

Não serão as políticas de segurança pública, o governador do Estado ou a Polícia Militar armada até os dentes que conseguirão deter essas formas, sutis ou explícitas, de atacar a existência do outro, e que acabam por lançar as sementes dessa violência generalizada. Para alcançar o resultado que esperamos é necessário que cada um de nós invista em prover ao outro mais daquilo que ele precisa e merece, e que só pode vir de nós: atenção, carinho, gratidão, consolo, gentileza, favor, nutrição e educação (física, emocional e espiritual). E, se você estiver realmente disposto a mudar a ordem das coisas, até amor.

Agora que você já perdeu o emprego mesmo...

Ah, não perdeu? Então dá tempo de mudar

Bom, pode ainda não ser o seu caso, mas se continuar agindo da mesma forma, acho inevitável. Não, meu objetivo não é assustar ninguém. *Tá* bom, admito, é assustar, sim, mas só um pouquinho, muito menos do que o susto que se leva quando o gerente chama a gente na sala dele e começa a conversa com a frase "você tem sido muito importante para esta empresa, mas"... É, meu amigo, depois deste "mas..." começam algumas explicações que você nem prestará muita atenção porque ficará sem fôlego. Nem vai conseguir reproduzir o diálogo para a *patroa* quando chegar em casa mais cedo e sem ter aonde ir no dia seguinte. Mas acho que podemos evitar esta história triste se tomarmos alguns cuidados.

Tenho observado que há, basicamente, duas origens para processos de demissão. A primeira é muito complexa, e envolve principalmente questões de mercado: a empresa foi comprada por outra, está passando por reestruturação, o ramo de negócios vive uma crise, o faturamento caiu, os produtos estão encalhados nas prateleiras, um grande cliente parou de comprar, e por aí vai. Essas são o que podemos chamar "causas externas". O que fazer se, por alguns bilhões de dólares, sua empresa foi comprada, "joint-venturizada", "mergeada" — ou qualquer outro eufemismo — por outra muito maior e o novo dono quer porque quer cortar quinze por cento dos postos de trabalho?

Há, entretanto, causas muito mais próximas, sobre as quais podemos ter uma influência significativa. São questões que poderíamos chamar "causas internas". Para isto, porém, você precisa encarar mudanças bem profundas. Ah, pensou que ia ser moleza — *piece of cake*, como dizem os americanos? Nada disso. Muito esforço e persistência porque as mudanças mais importantes começarão em você.

Começando a mudança

Preocupe-se com o seu nariz, não com o restante da população mundial. Comparar-se é *realmente* um exercício altamente proveitoso. Seja lá quem você for — a não ser que se chame Bill Gates e seja dono da Microsoft —, sempre encontrará alguém mais bem posicionado na carreira, assim como verá pessoas em situação pior. Assim, para que se dar ao trabalho de se preocupar? Deixe essa atividade inútil para quem não tem mais o que fazer. Dispute a sua corrida (ou carreira) apenas contra, ou melhor, a favor de você mesmo.

Cuide de seu desenvolvimento pessoal. Se imagina seu futuro ainda atrelado à organização em que está no momento, ótimo. Conheça mais e mais sobre ela, seus próximos desafios, sua situação no mercado e prepare-se para lhe ser útil naquele futuro imaginado. A palavra-chave é *conhecimento*. Domine-o. Estude, converse, esteja disposto a aprender, a atualizar-se. O ambiente de negócios muda radicalmente a cada cinco anos. Não fique para trás ou será tão importante para sua organização quanto um mata-borrão. Leia. Leia muito. Não, nada de *Caras*! Leia tudo que ofereça um conteúdo sólido e contribua, conseqüentemente, para sua formação pessoal e profissional.

Se, no entanto, entende que seu caminho é em outra organização, o esforço será o mesmo, com a única ressalva de que ele estará relacionado com a nova organização ou o novo segmento de mercado que escolheu. Ok, eu sei, você vive no mundo real e sabe que há muita politicagem, favorecimento dos amigos e parentes no mercado de trabalho. Mas acredite: competência ainda é desejada e muito bem remunerada. Esqueça também o nepotismo. Você não conseguirá mudar seu sobrenome, nem o da sua família. Por isso, desenvolva sua competência.

Questão de atitude

Cuide bem da boca. É verdade que uma visitinha ao dentista pelo menos uma vez por ano vai muito bem, mas a questão não é esta. Por "boca" entenda aquilo que você fala, como se expressa, como se comporta. Uma reestruturação é um excelente álibi para que os gestores se livrem das pessoas inconvenientes. Atitude é a palavra-chave. Ajuste-se. Procure desenvolver uma postura sadia, elegante, agradável. A única pessoa que gosta de porco-espinho é a mulher dele — convenhamos: sendo uma fêmea de porco-espinho, que opções ela tem?

Evite ser o inconveniente, a arrogância em pessoa, o relapso, o "seu Atrasildo", o *pé-frio*, o principal locutor da Rádio Fofoca, o eterno *cabeça-quente*, o sujeito de pavio curto ou o famoso "mão boba". Enfim, veja se consegue deixar de ser chato. Todo mundo passa muitas horas dentro do ambiente de trabalho, por isso quer viver em um ambiente saudável e profissional. Mas não demore. Mude rápido e de forma definitiva antes que, numa dessas sextas-feiras da vida, seu chefe o chame para aquela conversa no fim do expediente.

E ainda tem gente que acredita em Papai Noel

Como você espera que cheguem as soluções? Pela chaminé?

QUANDO ÉRAMOS CRIANÇAS, nos diziam que a chance de receber de Natal aquele presente tão esperado dependia de nosso comportamento durante o ano. Passar de ano na escola, então, era o passaporte para a alegria. Não, não estou me referindo ao Passaporte da Alegria do Playcenter. O passaporte carimbado para a alegria de receber o presente aguardado com tanta ansiedade. Não brigar com os irmãos — pelo menos, não em dezembro —, não fazer malcriação com a mamãe enquanto o papai não estava em casa e outros cuidados eram importantes para garantir aquela recompensa embrulhada em papel colorido.

No meu caso, o presente tão esperado era o Autorama Fittipaldi, da Estrela. Ok, entreguei minha idade. Naquela época, o Fittipaldi que corria era o Émerson, na Fórmula 1, com uma Lotus preta patrocinada pelos cigarros John Player Special. Esperei tanto por aquele presente, mas ele não veio nem no primeiro, nem no segundo, nem no terceiro Natal. Até que o nome dele mudou para Autorama da Estrela

Série Piquet. Quando veio a era Senna, eu já era grande demais e tinha vergonha de continuar pedindo.

Não me lembro se me revoltei muito com o Papai Noel naquela época porque ele não cumpria suas promessas. Principalmente porque o Papai Noel da vovó, em vez de trazer autorama, só mandava pijama novo. Todo ano. Ano Novo, pijama novo. Talvez porque, logo cedo, apesar de manter o joguinho "seja bonzinho para ganhar presentinho", meus pais me contaram que Papai Noel não existia.

Opa, me perdoe. Pode ser que esta revelação tenha sido um choque para você e muitas pessoas que lêem este texto. Mas é a mais pura verdade, fato singelo e claro, e não me desminta o programa especial de Natal da TV Globo: Papai Noel não existe!

Pronto. Falei. Você pode até achar ridícula minha insistência sobre o assunto, já que todo mundo sabe que Papai Noel é um mito, que a lenda evoluiu para um esquema sem precedentes que transformou a boa ação de São Nicolau em uma coisa fria, materialista e comercial. Mas ainda que o chamado "Bom Velhinho" não exista, o espírito do Natal é uma realidade.

Foi este mesmo espírito que fez, ano após ano, meu pai e minha mãe desejarem comprar o melhor presente para mim e para cada um de meus três irmãos. Este espírito de amor, do prazer em nos ver felizes, este sempre existiu também nos seus pais. Segundo os meus, o melhor para mim era ganhar uma bicicleta, não o autorama. Naquela época, meus sábios pais já antecipavam a tendência deletéria (vá procurar no dicionário) da televisão, dos computadores e dos joguinhos eletrônicos que transformariam os filhos em seres sedentários como executivos e gordos como lutadores de sumô.

Acredite se quiser

Mas há outra maneira de enxergar essa questão: em nossos sonhos secretos, mesmo já adultos e com a casca endurecida pela vida, ainda esperamos que alguém desça pela chaminé numa noite fria e nevada (neve? Chaminé? No Brasil?) para depositar em nossas botinhas de feltro vermelho uma canetinha Mont Blanc, um relógio suíço, um celular de última geração, uma BMW ou mesmo nosso autorama Série Fittipaldi.

Não importa a idade, seria muito bom receber aquele presente esperado com tamanha ansiedade. Afinal, este ano fomos todos bonzinhos, não é? É bem verdade que há muito tempo, para a maioria de nós, não existe mais aquela coisa de tirar notas boas na escola, por exemplo. Muitos já se formaram há anos, e os que ainda não o fizeram já não precisam prestar contas de suas notas aos pais. Daí ser um pouco mais difícil descobrir se fomos tão bonzinhos quanto deveríamos e se somos, enfim, merecedores da tão aguardada recompensa.

Chego a acreditar que no fim do ano tenha gente que resolva deixar de ser canalha, pare de roubar o fundo de previdência, pague seus impostos (inclusive os atrasados), se comporte bem no trânsito e até devolva trocos recebidos a mais. Talvez até que tenha guarda que não aceite aquela caixinha de Natal e aplique as multas devidas. Só as devidas, claro. Outros possivelmente resolvam que, em dezembro, não trairão o cônjuge, nem o patrão, nem a si mesmos. Pelo menos no Natal, pararão de mentir, de espancar os filhos, de oferecer drogas a adolescentes nas portas dos colégios. Pelo menos durante a semana das festas. Tudo no mais puro espírito de Natal.

Tá bom, você me pegou. Eu também não acredito em nada disso. Não acredito que o espírito de Natal faça as pessoas melhorarem tanto assim. Mas penso que existam mesmo pessoas que assimilaram de tal forma a mensagem segundo a qual precisam se tornar boazinhas para receber seu presente de Natal que resolvem pagar a taxa do condomínio de dezembro ou parar de fumar. É possível que o Natal leve essas pessoas à reflexão e ao desejo de ser um pouco melhores, um pouco menos ruins. Isso pode ser bom para elas e para nós.

Mas acho pouco. Penso que ainda temos um problema mais sério em relação ao nosso conceito de espírito de Natal, pois continuamos apenas chocados com a maneira como a sociedade se desenvolve, e nada ou quase nada fazemos para mudá-la. Se continuamos só assustados, escandalizados com o que vemos e ouvimos, sem fazer coisa alguma para mudar a situação, me parece que sofremos a síndrome de quem ainda acredita em Papai Noel.

Quem é acometido desta síndrome acha que um bom velhinho, ou o presidente da República, o papa, o delegado, o juiz, o professor, o pastor, o político ou qualquer outro vai trazer-nos, na noite de Natal (com neve, contra-regra, muita neve) a solução dos nossos problemas. Não é justo delegar a outros nossa decisão de fazer a diferença necessária. Esperamos que nosso salvador venha do Pólo Norte?

Vou contar um segredo

Nosso Salvador já veio. Ele deixou um modelo e os meios para colocá-lo em prática. Criou um padrão de conduta. Ensinou-nos que a única forma legítima de viver é pelo amor a Deus e a nosso semelhante como a nós mesmos. Só que nos esquecemos dele e de que devemos *ser* como ele. Não basta dizer que somos como ele se não agimos de forma coerente com esta afirmação.

Precisamos tirar a carapuça vermelha e vestir um coração vermelho, verdadeiro, pulsante. Numa época em que Papai Noel, renas, neve e compras substituíram o lugar da manjedoura e do presépio, precisamos lembrar que Natal é tempo de celebrar, não de comprar. Que Natal significa "nascimento", e que Jesus precisa nascer também dentro dos corações para mudá-los, transformá-los. Com o coração transformado podemos transformar o mundo.

Recursos Humanos ou seres humanos?

Treinar é para bicho. Gente precisa é de estímulo para desenvolver seu potencial

TREINAMENTO DE RECURSOS HUMANOS ou desenvolvimento humano? O que você acha? Será que essas expressões têm exatamente o mesmo sentido e a diferença seja apenas uma questão de preferência? Acredito sinceramente que não. Penso que por trás da escolha da primeira opção se escondem paradigmas profundamente arraigados no modelo de gestão contemporâneo dos quais derivam muitos dos males que sofremos em nossas organizações.

Treinar. Usamos esta e outras expressões derivadas para definir inúmeras atividades. Em questões de ordem puramente intelectual, por exemplo, dizemos que viajar a Londres seria uma ótima oportunidade para treinar nosso inglês, ou que é preciso treinar mais técnicas de negociação para ter melhores resultados nos negócios. Também usamos a expressão para tratar de habilidades artísticas, como dedicar mais tempo ao treinamento de piano ou saxofone, e a atividades ligadas diretamente ao desempenho físico, como judô ou balé.

O que é de fato esse "treinar"? Em síntese, é a dedicação intensiva e repetitiva a determinadas ações visando a alcançar com maestria o domínio de uma técnica ou a retenção de uma habilidade. O processo é mais ou menos assim: repito inúmeras vezes uma pequena peça de conhecimento ou habilidade (um passo de dança, uma frase em outro idioma, um movimento de luta marcial) até que consiga obter razoável domínio sobre ela e a incorpore a meu repertório de capacidade de realização. Vou avançando do mais simples ao mais complexo até dominar parcela significativa daquele campo de conhecimento ou prática. Se, por exemplo, não sei tocar piano, preciso iniciar com os movimentos mais simples, sofisticando-os à medida que treino. Avanço então para os mais complexos, que me levarão em trajetória ascendente ao domínio total do instrumento.

Que diferença, porém, existe neste processo em relação ao que também batizamos "treinamento", mas que se refere aos animais? Qual a diferença entre treinar violão e treinar um papagaio a dizer "bom dia"? Muita. Quando digo que estou participando de um treinamento, faço uso de uma série de habilidades complexas, como a capacidade de ver, pensar, sentir, ler, deduzir, questionar, criar, estabelecer analogias e interpretar tudo o que meus sentidos capturam.

Além disso, realizo julgamentos éticos, o que vai muito além da capacidade de um animal que repete mecanicamente uma série de movimentos. Pode-se treinar um chimpanzé para apertar o gatilho de uma arma contra uma pessoa, da mesma forma que podemos treiná-lo a

descascar uma laranja com uma faca. Ele não cria, não julga — apenas repete movido pelo medo da punição ou para conquistar uma recompensa.

Gente é gente

A capacidade humana navega a milhares de quilômetros acima deste simples executar repetitivo. Surpreende-me ver que ainda há quem espere que um profissional continue a aprender técnicas (de atendimento, de vendas, de negociação) como se fosse um robô ou um chimpanzé.

Agressivo, eu? Não. Desrespeitosos, isso sim, são aqueles que querem defender a idéia de que o atendente precisa sorrir quando fala com o cliente. E sorrir sempre, não importando se ele é tratado como parte do ativo fixo da organização e se tem menos valor para o acionista do que seus carros importados. Não importa a dor de barriga, a fome do funcionário, nem o desprezo de que é alvo. Importa é que sorria sempre, pois foi treinado para isso.

Recursos humanos. Esta mecanização do ser humano que Charles Chaplin já criticava de maneira genial no filme *Tempos modernos* saiu do chão de fábrica e invadiu o carpete do escritório, as lajotas da universidade, o piso frio do hospital, o solo de toda organização dita moderna, dita competitiva. Trata-se de uma desumanidade, ou pior, desumanização que deseja transformar gente em coisa, nivelar ser humano a recurso financeiro, técnico ou qualquer outro.

Gente não é um *recurso* do empreendimento. Gente é a *razão de ser* de qualquer empreendimento. Caso contrário, estamos criando a fábrica perfeita, a única no mundo inteiro, e que terá apenas uma máquina, um só operário e um cachorro. A máquina servirá para produzir todos os bens e serviços. O operário, para cuidar do cachorro. E o cachorro (bem treinado, convém dizer) para impedir que o operário mexa na máquina. Será esse nosso objetivo final?

Pessoas. Toda organização adquire insumos, processa-os e comercializa. Qual delas, porém, pode prescindir de pessoas para fornecer esses insumos, processá-los e vendê-los? Qual pode deixar de contar com as pessoas que compram o que é produzido? Qual é, por acaso, a organização que não produz para pessoas? Ou será que a Purina acha que meu poodle vai ao supermercado comprar ração? Por que será tão difícil assim entender que até mesmo nas extremidades do *business-to-business* (B2B) o que existe são pessoas? Que todo empreendimento, seja ele qual for, é uma sinfonia de CPFs, não o solo de um CNPJ? Por que se fala de pessoas como se fossem acessórios quando são tão essenciais?

Com uma concepção pequena do que é *ser* humano, quem treina se esquece de que executar repetições não é o que fazemos de melhor. Nem de mais belo. Quem se encanta pela arte admira Picasso, mas não quer que existam dois, nem três, muito menos uma centena de Picassos. Quer também Portinari, Monet e Renoir. Quer mais. Além de pintores, quer bailarinas, cantoras, escultores e atores. Sabe que a beleza está na variedade, na diversidade, nas diferenças. Por que, então, não permitir que cada membro da organização exprima com maior profundidade e liberdade a sua arte, em vez de pedir que imite o protótipo do funcionário do mês?

Tirando da embalagem

Desenvolver. Quem desembrulha um bombom não cria algo, apenas liberta o doce que já estava dentro do celofane. Da mesma forma, quem fica horas na academia ou se entope de anabolizante não cria músculos novos, apenas revela, destaca e desenvolve os mesmos músculos que cada um de nós também tem. Desenvolvimento humano é exatamente isso. O que se busca é despertar o potencial que cada pessoa já possui.

Ninguém precisa ser treinado para sentir, pensar, amar, desejar, sonhar, criar. São dons. Presentes de nosso Criador. Divina herança recebida ao sermos concebidos. Privilégio de sermos humanos. Assim, se treinar é repetir, desenvolver é, como a própria palavra diz, tirar o invólucro, libertar o que está envolvido — desembrulhar nossos dons. No entanto, é preciso acreditar que há um manancial profundo de capacidades latentes dentro de cada pessoa. Que há um Pelé dentro de cada Edson Arantes do Nascimento, e que existe potencial dentro de cada membro de nossa organização para ser um Pelé em sua área de especialidade.

Uma resposta. Devemos dar um ponto final nesta coisa pequena de achar que basta treinar alguém para executar bem uma nova tarefa. Essa perspectiva despreza a capacidade humana de realizar e de produzir muito mais do que se pode imaginar. Não é por acaso que muitos profissionais sem incentivo ou espaço para se desenvolver largam os empregos antes de virar samambaias e, como árvores de raízes fortes, descortinam toda sua força e vitalidade noutra organização que, por vezes, eles mesmo criam e que, não raro, passa a dominar uma generosa fatia do mercado de seu antigo empregador.

O processo de desenvolvimento pode incluir períodos em sala de aula, pois a habilidade de ensinar e estimular de quem exerce com excelência o ofício de professor serve como meio de despertamento. Mas deve, sem dúvida nenhuma, ser entendido como parte central das relações do indivíduo com a organização e desta com cada um dos indivíduos que a compõem. A dimensão do desenvolvimento de cada um contribuirá direta e exponencialmente para o desenvolvimento da organização e da sociedade como um todo.

Esta via é excelente para fazer crescer, de forma endógena, o denominador, aumentando o tamanho do bolo que pode, com certeza, substituir as estratégias que diminuem constantemente o numerador através de demissões em massa. Ou aquelas estratégias de crescimento apenas de fora para dentro, por meio de *merges* e aquisições que, em muitos casos, bem se sabe, acabam criando um resultado menor do que a soma das partes.

Por ser fundamentalmente um modelo de crescimento orientado para o ser humano evita os desconfortos bastante conhecidos dos modelos exógenos e desumanos e gera um ambiente de alta produtividade e bem-estar. Resta reafirmar que treinar — apenas treinar — parece coisa para bicho. Cada ser humano precisa ter a chance de se desenvolver. Deve ser estimulado a libertar seu potencial, visando à realização plena de quem foi feito para ser e assim, de forma única e especial, contribuir com toda a sociedade.

A hora é agora

Resolvendo as equações da vida

A SITUAÇÃO ESTAVA CRÍTICA. William não conseguia assistir a todas as aulas de Matemática que gostaria e de que tanto precisava. Um problema de saúde o obrigava a se ausentar duas vezes por semana na última aula para se submeter a um tratamento médico. Exatamente no horário das aulas de Matemática. Compreendendo sua situação, a direção da escola abonava-lhe suas faltas, mas não conseguia contornar o fato de que ele vinha perdendo, semana após semana, mais e mais o conteúdo da disciplina.

O resultado final não poderia ser muito bom mesmo. No fim do ano, suas notas não alcançaram a média necessária e, apesar de bom aluno, não conseguiria escapar de um exame final, sob o risco de ser reprovado. Seus colegas, mais preocupados com a expectativa de aproveitar as férias do que em ajudá-lo, encontraram mil desculpas para não se envolver com sua dificuldade. William estava entregue à própria sorte.

Lean Johnson, apesar de não ser um de seus colegas mais chegados, compreendeu sua situação e resolveu

ajudá-lo a passar no exame final de Matemática da sétima série. Durante duas semanas, se encontram em dois períodos, um de manhã e outro à tarde, para estudar juntos. Além de mostrar-se um grande amigo, Lean revelou-se um excelente professor, atividade que, quando adulto, exerceria com enorme prazer, mesmo sem conquistar uma condição financeira das mais invejáveis. Para total alegria de ambos, William — ou Bill, como Lean passou a chamá-lo — passou no exame com uma nota excelente. Extremamente grato pela ajuda, Bill deixou claro que jamais esqueceria o apoio de Lean e prometeu que, um dia, ainda que demorasse muito tempo, retribuiria aquele apoio tão precioso num momento tão difícil.

Num fim de semana, cerca de vinte anos depois, já totalmente esquecido daquela boa ação do passado, algo mudaria sua vida. Lean estava em casa afundado em sua poltrona predileta, em seus pensamentos e em suas dívidas. Sua vida não era nada fácil. Como professor, tinha um grande prazer em ensinar e ver o desenvolvimento de seus alunos ano após ano. No entanto, não conseguia saldar alguns de seus compromissos financeiros mais importantes. O salário de professor, pensava ele com seu botões, dificilmente sustentaria, mesmo nos Estados Unidos, um casal com dois filhos.

Meio deprimido, Lean ouviu quando o carteiro deixou a correspondência no portão. Refletiu pesaroso sobre quantas novas contas estariam sendo entregues. Desanimado, dirigiu-se mecanicamente até o portão e voltou para sua poltrona. Estranhou encontrar uma carta timbrada com o logotipo de uma famosa empresa americana. Pela mensagem da correspondência, descobre que está milionário. Tinha recebido como presente uma pequena fortuna em ações daquela empresa.

A carta vinha assinada por seu antigo colega de escola, que, lembrando-se da ajuda recebida na sétima série, decidiu cumprir sua promessa. Quem assinava a carta era seu amigo Bill. Bill Gates. O timbre na correspondência era da Microsoft.

Sorte? Tem certeza?

História fantástica esta de Lean Johnson e Bill Gates, não é? Certamente nos agrada pensar que, mesmo depois de vinte anos, uma boa ação ou mesmo uma boa intenção possa ser reconhecida e retribuída. E ainda mais com alguns milhões de ações da Microsoft. Mas podemos também nos deixar tomar por uma pontinha de inveja:

> Quem me dera ter estudado com o Bill Gates! Agora poderia estar milionário como Lean Johnson.
>
> Que pena que a Gisele Bündchen não foi minha colega de escola. Eu poderia tê-la defendido quando a chamavam de Olívia Palito. Quem sabe ela agora se lembraria de mim e me convidaria para seu casamento com algum artista ou empresário?

> E se eu tivesse sido vizinho do Cafu e o tivesse acompanhado em todos os nove testes que fez antes de ser contratado pelo São Paulo? Hoje poderia receber um convite para conhecer sua casa na Europa.

Poderíamos, enfim, chegar à conclusão de que, ao contrário de Lean Johnson, o que nos falta é sorte: a sorte de não ter sido amigo de infância de alguém agora famoso, rico, importante. Se ao menos tivéssemos uma boa oportunidade... Sim, faltou sorte. Faltou uma oportunidade.

Lamento, mas discordo de quem pensa assim. Tão falsa quanto a história de Lean e Bill, que criei apenas para ilustrar este assunto, é a afirmativa segundo a qual tudo se resume à falta de sorte ou de oportunidade. A lição que podemos tirar é outra: precisamos focar nas necessidades dos outros. O tempo todo, e aos milhares, há outros Bills, Giseles e Cafus potenciais que necessitam de alguma forma de ajuda que podemos lhes oferecer. Grandes ou pequenas.

Sei que a primeira idéia que nos vem à mente é o rosto de pessoas anônimas, desconhecidas, que estão famintas, com frio, desabrigadas ou doentes. Sim, sem dúvida elas precisam, e muito, de nossa ajuda. Nos torturamos ao ver seus rostos por doze segundos no jornal da noite, ainda que esqueçamos deles no 13.º segundo. Afinal, como vamos ajudar pessoas que vivem tão longe de nós, não é mesmo? E vamos jantar que a comida já está esfriando.

Quero lembrar, porém, que há ainda muitos outros carentes menos óbvios e certamente bem mais próximos de nós. São como aquele colega de baia (o infeliz que deu este nome ao lugar onde as pessoas trabalham devia adorar cavalos e detestar pessoas) que precisa de uma informação para terminar um relatório, mas que necessita ainda mais de um abraço ou de um sincero e atento "como vai, tudo bem?". Ou como o guardador de carros cujo nome não sabemos, mesmo convivendo com ele há anos, e que não recebe sequer um "bom dia" em troca daquele que nos oferece toda manhã quando chegamos correndo para trabalhar. Ou como aquele primo que, em visita à cidade, poderia hospedar-se em nossa casa não porque não disponha de recursos para pagar um hotel, mas porque seria uma oportunidade de retribuir um favor semelhante que recebemos dos pais dele no passado.

Estratégia divina

Por todos os lados há uma miríade de outros seres humanos carentes, como nós, de pequenas e grandes necessidades, como uma ajuda para passar no exame de Matemática na sétima série, uma metade de um cachorro quente antes da aula da faculdade, algum dinheiro para pagar uma conta de luz atrasada, um "bom-dia", uma mãozinha aqui, outra ali. Divina estratégia que nos dá o privilégio de servir.

Se agirmos desta forma — por exemplo, lembrando de apoiar hoje as idéias geniais de um colega —, não será tão estranho assim receber, dentro de alguns anos, uma carta com o timbre de uma empresa que, por enquanto, não existe, mas poderá ser uma Microsoft em 2026. Quando nos preocupamos sinceramente com as necessidades do outro — aquele ali, bem pertinho da gente —, evitamos que uma criança se encaminhe para o lado mais perverso da sociedade e a estimulamos a se tornar, por exemplo, uma pesquisadora que descubra a cura para alguma doença que, de outra forma, nos mataria no futuro.

Melhor ainda é pensar que, se nos concentrarmos nas necessidades do outro, não daqui a vinte anos, mas agora mesmo e no lugar onde estamos muitas pessoas serão supridas de pequenas e grandes necessidades. Até mesmo eu e você. Portanto, não se pergunte sobre quando e onde você pode fazer diferença na vida dos outros. A hora é agora. O lugar é aí mesmo, onde você está.

Senhores do próprio destino

Desperdiçar meses não é uma grande estratégia empresarial, nem pessoal

— Ok, adoramos a proposta. Fechado!
— Ótimo! Bem, hoje é quinta, começamos quando? Na semana que vem?
— Não, não. Acho melhor... sim, é verdade... vamos deixar para depois do Carnaval.
— Como assim?
— Sabe como é, agora o pessoal ainda não está focado, e precisamos ter toda a equipe envolvida. É melhor deixar mesmo tudo para depois do Carnaval.
— Mas não há um risco estratégico de esperar tanto? O mercado está reagindo. É preciso se preparar para um aumento de demanda. A concorrência pode não ter parado durante as festas.
— É, existe este risco, de fato. Mas você sabe como é complicado. Samba, feriadão, verão, sol, praia. Adiar por alguns dias o projeto não será tão perigoso assim. Afinal, no Brasil o ano só começa mesmo depois do Carnaval.
— Mas hoje ainda é dia 9 de janeiro, falta mais de um mês para o Carnaval. Até lá, o projeto já poderia ser implantado, os primeiros resultados já estariam sendo

contabilizados e seus clientes, melhor atendidos. Até aquela redução de quadro poderia ser revista. Seria muito bom para todo mundo.

— Sei, sei — disse meu cliente enquanto saía de trás de sua mesa com uma camisa de estampa havaiana, bermuda, os braços levantados, as mãos espalmadas, balançando de um lado para o outro e cantando "e vai rolar a festa, vai rolar".

Acordei. Que pesadelo! Imagine viver num país em que o ano só começa depois do Carnaval!

Que pesadelo, que nada! É a pura verdade. A primeira segunda-feira depois do Carnaval é o primeiro dia do ano para muita gente. Assim, por uma questão de boa educação, não se esqueça de desejar a essas pessoas um feliz Ano Novo. De novo.

Sim, eu sei. Muitos podem estar pensando que não é bem assim, que tem muita gente dando um duro danado desde o primeiro dia de janeiro. Que muito lixo já foi recolhido, muitas operações cirúrgicas foram realizadas, incêndios apagados, bandidos presos, enfim muito trabalho digno e importante foi tocado por gente que não esperou o fim do Carnaval para cumprir seu dever. Concordo. Mas não é a essas pessoas que me refiro. Mesmo que, em alguns casos, seja por falta de alternativa, elas estão dando conta do recado. São merecedoras de nossa gratidão.

A minha crítica é para quem vive adiando tudo, os proprietários ou inquilinos de posições de mando e desmando, donos de seus narizes e dos narizes alheios, que protelam as decisões de hoje para amanhã, para depois da Páscoa, para o ano que vem, para o dia que nunca vem. Pior: decisão demandada para ontem, para a véspera do feriado, do Ano Novo (cristão, judeu ou chinês). Falo contra os postergadores do bem comum, gente preocupada apenas com o furinho no meio da própria barriga. Ou nem com isto. Na teia da engenharia social, se permitem o luxo de deixar para depois o devido ao outro e a si mesmos.

Falo da síndrome pós-carnavalesca, que nasceu nas corporações mas já contaminou a vida familiar de muita gente e se enfurnou na cultura nacional. Como o estudante que aparece na escola só em março, já que os professores não vão dar nenhuma matéria mesmo antes do Carnaval. Os pais concordam e, com isso, isentam os professores de culpa. Todos reclamam do baixo nível da educação, da falta de tempo, do corre-corre, mas desperdiçam uma sexta parte do ano à espera de que a vida comece apenas depois do Carnaval. Agem sempre da mesma forma, ano após ano, pois como nos grandes desafios nacionais ou corporativos, acreditam na tese de que sempre foi assim mesmo, e nunca nada vai mudar.

Nunca é tarde

Ora, se sempre foi assim, que não seja mais. Paremos de fingir que não é conosco, de colocar a culpa no governo, nos "*ómi* lá de cima", na diretoria da empresa, no meu pai ou na minha mãe que me educou assim, na herança cultural ou na natureza ("Nasci assim, fazer o quê?"). Reconheçamos que a cultura nacional ou corporativa é fruto da soma dos hábitos de cada um de seus membros. Sejamos senhores do nosso destino.

Nunca é tarde para mudar. Não esqueçamos os erros passados, para não repeti-los no futuro, mas não deixemos de mudar, e já. Façamos hoje aquela reunião que seria adiada para terça-feira. Ataquemos de frente aquele problema *cabeludo* que havíamos escondido na gaveta de baixo. Terminemos aquele relatório. Façamos as ligações adiadas. Paguemos as contas antes do vencimento. Leiamos aquele livro que já está empoeirando em nosso criado-mudo. E daqui para a frente, inauguremos juntos uma nova era neste país: mesmo que o Carnaval caia em junho, nosso ano começará sempre no dia 1º de janeiro.

Onde nascem os líderes

Sem eles empresa nenhuma sobrevive

NÃO, NÃO SEI DIZER qual foi a maternidade, nem tenho como dar o nome do pai e da mãe, sequer o CEP da rua. Líder nasce dentro de uma circunstância, não em uma família ou local específico. Não discutiremos agora o que significa ser líder, queremos saber apenas onde eles nascem. Mais do que isso: de onde virão os novos líderes empresariais que mudarão radicalmente o cenário dos negócios e, por tabela, da própria sociedade?

Respondo logo. Esses líderes virão, com absoluta certeza, das organizações filantrópicas, das ONGs e daquelas que tenham o interesse social acima do lucro. Vejamos as razões que me levam a crer nisso.

Primeiro

Comandar uma organização em que os funcionários estão comprometidos com os objetivos devido à remuneração e aos demais benefícios materiais que recebem, ou mesmo porque receiam perder o emprego e parar na fila dos desempregados, não será nunca o solo fértil para o desenvolvimento de uma liderança verdadeira. Organizações em que as pessoas:

- estão lá pela simples falta de opção melhor;
- ao receberem uma proposta de emprego, até para ganhar menos, aceitarão sem pestanejar;
- têm como principal objetivo ganhar dinheiro, o mais que puderem, principalmente para compensar o sofrimento de estarem lá;
- fazem o mínimo necessário para não ser dispensadas;
- nem pensam em realizar o máximo de seu potencial (na maioria dos casos, um potencial desconhecido por elas e pela própria organização);
- só têm uns poucos momentos de prazer durante o dia: quando vão ao banheiro, tomar cafezinho, almoçar e, o maior de todos, quando o expediente encerra;
- contam os dias até a sexta chegar e os minutos até a sexta acabar;
- sentem-se deprimidas quando termina o *Fantástico* e lembram que mais uma semana vai começar;
- consideram férias indulto de Natal, em que o prisioneiro pode voltar ao convívio da sociedade;
- precisam de remédios (antidepressivo, antiácido, antichefe) para agüentar o desrespeito que sofrem...

... Não são lugares que forjam líderes. Nessas organizações há muitos chefes. Aos montes. Líderes de verdade, nenhum. Pode procurar com calma, nenhum mesmo. Elas estão morrendo, depressa ou devagar, mas estão morrendo. O prédio está lá, cheio de janelas de vidro, ar condicionado, gente de terno e gravata, secretárias, carrões, tudo muito chique. Mesmo assim, essas organizações estão morrendo, vendo sua participação no mercado escapar pelo ralo e achando que o problema é a retração da demanda. Vão confiando...

Experimente, por outro lado, ter voluntários à sua volta. Bichinhos de pelúcia, como podem pensar alguns, mas que muitas vezes se revelam autênticas feras. Explico: tem gente tão alienada a respeito do que seja uma organização baseada em voluntariado que imagina sempre um orfanato cheio de crianças magrinhas com uns monitores. Esquecem que uma organização sem fins lucrativos ou com compromisso social não é uma organização sem fins, sem meios e sem razão. Muitas contam com profissionais de altíssimo nível, envolvidos em projetos tão ou mais fantásticos e de tão ou mais alto nível que qualquer grande e poderosa organização.

Sendo assim, a estes projetos não se juntam uns gatos pingados, mas profissionais que têm cabeça, experiência e que não aceitarão ser liderados por um *zé mané* que se apresenta como "o chefe". Se há um lugar em que apenas por meio do exercício real da liderança é

possível coordenar as ações de um grupo, certamente este lugar é um corpo de voluntários.

Prezado leitor, a palavra diz tudo: "Sou voluntário. Estou aqui porque quero. Enquanto quero e porque encontro aqui as condições para realizar aquilo que desejo. Nas condições que desejo. Sob uma liderança cuja direção me estimula a continuar. Com visão. Com respeito. Pelo exemplo."

Segundo

Já conseguiu discernir claramente por que não nascem líderes em organizações burocratizadas, formais, baseadas em princípios tão antiquados quanto comando e controle — aquelas nas quais alguém diz o que você deve fazer, como pensar e o que precisa sentir para depois controlar como você fez, como pensou e como sentiu? Que, quando você passa no teste para robô, dão um torrão de açúcar ou um quadro na parede com sua foto e o título "funcionário do mês"?

Consegue pensar nessas organizações baseadas em hierarquias castradoras, em assédio moral, psicológico, sexual, financeiro ("Pago uma miséria, mas ganho milhões"), em ordens do tipo "eu mando, você obedece"? Enfim, já pensou por que uma organização baseada em gerenciamento de pessoas não permite o nascimento de líderes? Pelo menos não enquanto estiverem em sua folha de pagamento? Ainda acha estranho que muita gente boa foi e outras continuarão indo trabalhar em ONGs para poder realizar-se não apenas como líder, mas principalmente como ser humano?

Dentro de uma organização em que o objetivo social não é apenas um parágrafo obrigatório do contrato, mas a razão de ser de suas ações, não é de admirar que os profissionais se submetam, gentil e voluntariamente, à direção daqueles que os inspiram, por estarem tão ou mais envolvidos com o projeto. É lá, atuando como cabeças de um corpo de voluntários, que estão sendo formados os mais qualificados gestores de organizações. Se não acredita ainda, considere, por exemplo, que muitos desses novos (e verdadeiros) líderes:

- já tiveram experiência profissional no mundo corporativo e em empresas de alto nível, e trocaram seu conforto e seus privilégios por uma visão pessoal. São, portanto, guiados por convicções, não por interesse material;
- têm a disposição de continuar acreditando e investindo sua vida em projetos sem apelo, sem *glamour* e, por vezes, sem sucesso aparente, e por isso são determinados e corajosos;
- estão imbuídos de valores altamente positivos, voltados para o interesse coletivo, sem ganância, sede de poder ou necessidade de fama e sucesso;
- precisam lidar com os desafios de tocar um projeto complexo, na maioria das vezes com parcos recursos, o que lhes confere uma capacidade de enfrentar situações difíceis com criatividade e sabedoria;
- administram projetos envolvendo recuperação de marginalizados, viciados, crianças carentes, todos

claramente de longo prazo, o que se choca frontalmente com a cultura imediatista de resultados nas bolsas de valores, razão pela qual produzem resultados reais, não meramente contábeis, demonstrando a coragem de enfrentar as pressões externas;

- precisam ser hábeis negociadores para captar recursos, hábeis gestores para aplicá-los da forma mais produtiva possível, conciliadores para administrar os conflitos com agentes internos e externos e para conduzir um corpo de voluntários.

A lista é extensa para demonstrar como esses "executivos do bem" serão reconhecidos como talentos empresariais a ser conquistados a peso de ouro exatamente porque valem o que pesam. Eles provaram que o caminho para o sucesso empresarial daqui para a frente passa necessariamente pela capacidade de gestão —, mas gestão das coisas — e, ainda mais importante, pela liderança de pessoas.

Organização nenhuma (eu disse "nenhuma"? É, eu disse) vai sobreviver se não for comandada por um verdadeiro líder. Quer conseguir alguns para a sua? Faça uma visita a uma ONG, a uma associação de bairro, a uma igreja, a um projeto de cunho eminentemente social de sua cidade. Eles estarão lá!

Se eles desistirão de seus projetos para trabalhar na sua empresa? Bem, esta é outra discussão. Mas você não perde nada se tentar. De repente, em vez de sair de lá com eles, você decide ficar.

Change management

Do que será que ele está falando?

Foi exatamente isso que pensei quando aquele diretor perguntou quem cuidaria de *Change management* no projeto de consultoria que nossas equipes iam realizar em conjunto. Isto já faz quase dez anos. Naquela época, até já tinha ouvido falar do assunto. Havia, inclusive, assistido a um breve seminário durante o programa de formação que nossa empresa oferecia a todos os estreantes na carreira de consultoria executiva. Sabia até de colegas dedicados a este assunto no meu grupo, com quem posteriormente aprendi muito. Mas saber mesmo o que fazer em um projeto digno de ser considerado *Change management*, naquele momento, eu não tinha a menor idéia.

Começo assim este assunto para aliviar sua tensão. Talvez, em determinado momento, alguém tenha falado disso e você tenha se sentido meio encabulado por não conhecer o tema. Fique tranqüilo. É bastante provável que a pessoa que o mencionou — mesmo aquele diretor que me fez aquela pergunta no passado — também não soubesse muito bem do que estava falando. Neste caso, quem sabe? Poucos. E no Brasil, menos ainda.

Nesses últimos anos, tenho trabalhado em (e com) as mais importantes empresas de consultoria, das *big ones* até as menores e mais especializadas. Acredite ou não, quase ninguém entende realmente desse assunto. Não são raros os casos em que implantações de mudanças profundas (como as provocadas pelos ERPs) simplesmente não contaram com uma metodologia de *Change management* dando apoio às transformações. Que desastre para os clientes.

Qual seria a razão dessa ignorância? Por que muitos ainda associam o assunto exclusivamente ao processo de alteração / homologação de um programa ou sistema informatizado — o que, apesar de ser uma mudança importante para administrar, está a anos-luz do conceito que estamos discutindo aqui? Uma interpretação comum é pensar que, como as empresas já estão tão cheias o tempo todo de "management" e de "change", todo mundo é especialista no assunto e ninguém precisa se preocupar mais com ele. Grande engano.

Não quero posar de sabe-tudo, pois o assunto é complexo e acredito que ninguém possa fazer afirmações indiscutíveis sobre ele. Desejo apenas compartilhar minhas conclusões durante o processo (sem previsão de término em futuro próximo) de estudo, participação e consultoria nesta área, e inocular no leitor o mesmo prazer por este fascinante campo do conhecimento humano.

A inconstância da mudança

É, é isso mesmo que você leu. Não é redundância. Se as mudanças fossem mais estáveis, mais gradativas, seria possível plotá-las em um gráfico, administrá-las melhor. Seria tudo mais cartesiano, matemático, mecânico.

Muitos dos que se envolvem com o tema querem fazer das mudanças o que elas, por definição, não são: estáveis. Há quem acredite que dá para *managear* as mudanças, ou seja, controlar o incontrolável. O próprio termo *Change management,* que em português seria "gerenciamento de mudanças", não é dos mais felizes, como um cobertor curto que deixa de fora os pés ou a cabeça. Quem pensa em *Change management* apenas como "management" esquece, com certeza, o "change" e fica no meio do caminho.

Complicado? Nem tanto. Ao considerar a mudança, não podemos simplesmente querer gerenciá-la, controlá-la. Se é controle total que queremos, precisamos nos manter estáticos, imóveis. No passado. No sempre. Se é apenas para controlar, é preciso não se transformar. Mudar, por definição, é abandonar o porto de partida e se aventurar por mares nunca dantes navegados. E é nessas horas que o ortodoxo, o centralizador, o conservador se sente acuado: "Eu mudar? ... nem pensar! Prefiro o mal que já conheço do que o bem que não conheço ainda! Prefiro morrer de fome aqui no conforto da caverna do que me arriscar a sair para caçar!"

Se transformar a transformação em processo burocrático fica horrível até na gramática, imagine na prática!

"Change management" is a people matter

Para começo (tá bom, meio) de conversa, o cerne do assunto não tem tanto a ver com processos lógicos, tangíveis, do tipo quanto deverá ser investido, quanto tempo vai levar, quanto se vai ganhar com isso, quantos funcionários serão demitidos, quantos outros deverão ser remanejados, quantos computadores (telefones, licenças de *softwares*, mesas, cadeiras, metros de carpete etc.) terão de ser adquiridos, qual o valor total dos bônus pagos.

A questão tem muito mais a ver com os processos intangíveis, com quem, como e por quê: por que a mudança precisa ser realizada? Por que os envolvidos deveriam apoiá-la? Como as pessoas reagirão à mudança? Como prepará-las para a nova realidade? Como comunicar os objetivos da mudança? Quem será o patrocinador? Quem assumirá o compromisso de implementar a mudança? Quem mais estará envolvido ou será afetado por ela? Quem fará o quê para viabilizar a mudança? Quem conduzirá as pessoas pelo caminho entre o velho e o novo?

Por isso, os que apenas gerenciam as coisas da mudança acabam concorrendo com a Lusitânia ("O mundo gira e a Lusitânia roda", dizia o *slogan* da empresa de transportes, na minha infância). Apenas mudam as coisas de lugar. Às vezes, até o prédio inteiro. Compram tudo novo, mas continuam com a organização velha. No prédio novo. Quem duvida basta lembrar que, recentemente, milhares de empresas compraram sistemas de gestão integrada (ERP) e pagaram os olhos da cara sem conseguir alcançar os resultados esperados. Prédio novo e organização velha.

Change management, portanto, trata do lado humano da organização. E fecho com você uma aposta: quem ganhará a corrida dos melhores resultados? As empresas cujas pessoas estão engajadas na mudança ou aquelas com os prédios novos?

Transformando pessoas em coisas

Já que coisas são tangíveis e assuntos humanos não, e já que é mais fácil lidar com coisas que com pessoas, alguns gestores de mudanças tentam transformar pessoas em coisas. Há alguns anos fui sondado por um executivo de uma empresa de consultoria para uma vaga em sua equipe. O almoço ia muito bem até que ele soltou a pérola deste tipo de visão mecanicista: "É, meu prezado, imagino as pessoas como máquinas cheias de botões. O importante na nossa área [*Change management*] é saber que botão apertar e quando".

Confesso que depois daquela declaração de valores perdi o apetite, o prazer pela conversa e, com certeza, o interesse na proposta de emprego. O caminho que nos levou ao baixíssimo nível de adesão dos colaboradores aos objetivos das organizações foi exatamente considerar que gente é coisa. Que, no passado, era uma pecinha da máquina (a mais complicada, a que mais estragava com o uso, a que mais dava dor de cabeça), e hoje virou um número na folha de pagamento, uma foto num crachá (eletrônico, pois a empresa está evoluindo, já é *high tech*), um nome numa caixinha do organograma, um *head count* na minha equipe, um *dead body* no meu orçamento, um sujeito numa baia, um *userid* no sistema.

Em resumo, é preciso compreender que o caminho da transformação passa por dentro das pessoas. E, por favor, nada de sair por aí perfurando gente. Não é isso que eu quis dizer. Explico melhor em outra ocasião, pois me pediram para escrever artigos mais curtos. Confesso que desta vez ainda não fui muito bem neste objetivo. Mas mudar é assim mesmo: a gente resiste bastante.

Change management: vai dispensar?

Mudar sem uma metodologia adequada é pura aventura. No mau sentido

HÁ ALGUMA COISA BASTANTE estranha no comportamento de algumas pessoas apaixonadas por emoções fortes. E não estou falando de esporte radicais, como pára-quedismo ou alpinismo, mas daquelas pessoas que insistem em implantar processos de transformação radicais em suas organizações sem fazer uso de uma metodologia de *Change management* adequada. Esta atitude, a meu ver, é ainda mais *x-treme* do que saltar do avião segurando um guarda-chuva ou usando apenas um xampu "para quedas" (de cabelo), como narrado naquela velha piada.

Metodologias para a implantação de projetos é que não faltam, desde aquelas abertas ao público em geral, como a do Project Management Institute (PMI) até aquelas desenvolvidas internamente por consultorias e empresas com grande atividade nessa área. São empresas em que o desenvolvimento de projetos até se confunde com seus objetivos de negócio — ou o que seria de um banco moderno sem sua área de Tecnologia da Informação? E o que constitui esta área senão um constante realizar de novos e novos projetos? Falta de metodologia para desenvolvimento de projetos, não é, portanto, uma boa desculpa, nem uma boa explicação.

A resposta, em primeiro lugar, está na falta de uma visão mais abrangente sobre o que se deve cuidar na implementação de uma mudança. Esta atitude foi perfeitamente bem representada pelo alto executivo de uma empresa de consultoria internacional ao questionar a sugestão de meu sócio de aplicar ações de *Change management* ao projeto de um banco em processo de alteração de grande parte de seus sistemas de negócio (contas-correntes, contabilidade, investimentos, cobrança). Difícil de acreditar, não? Mas é a pura verdade. Espírito de aventura em dose para mamute.

Avalanche

A segunda parte da explicação reside no fato de as transformações serem um quesito bastante negligenciado pelas metodologias de gestão de projetos. As transformações organizacionais têm sido uma constante no ambiente de negócios: fusões e aquisições, programas de reengenharia e de qualidade total, atuação em novos mercados e em novas geografias, abertura de novas unidades de produção e transferência maciça de pessoal, implantação de sistemas de gestão integrada (ERPs) e constante redução de pessoal. Algo estranho e muito importante vem acontecendo nesses processos: a maioria dessas iniciativas falha. Elas simplesmente não conseguem alcançar seus objetivos.

O professor John Kotter, da Universidade de Harvard, afirma que em cem casos de transformação empresarial estudados mais da metade nem passou da fase inicial e a maioria possuía uma distinta tendência para o fracasso. Peter Senge, em *A dança das mudanças*, aponta na mesma direção quando afirma que as empresas não têm um histórico muito bom no que diz respeito à sustentação de mudanças significativas.

Mesmo que pudéssemos ignorar a análise competente de Kotter, Senge e tantos outros, presumo que fale ainda mais alto a experiência pessoal de cada um de nós, profissionais, que passamos e continuamos passando por esta avalanche de transformações. Sabemos que essas iniciativas não têm dado certo, e experimentamos todos esses insucessos na carne.

Nossa experiência deixou a todos convencidos de que a próxima mudança, o próximo programa de desenvolvimento organizacional falhará como todos os anteriores falharam, e que as pessoas — nós — é que vão pagar mais essa conta. Que vamos terminar mais estressados, mais desmotivados e mais pressionados por melhores resultados. Pergunta: o que, definitivamente, tem impedido que organizações dos mais variados portes e segmentos, possuidoras de acesso aos mais excelentes recursos materiais, tecnológicos e humanos, consigam implantar mudanças com êxito?

Resposta: gestores e metodologias falham no ponto mais sensível do processo de transformação: lidar com as pessoas. Acreditam que tudo o que está no papel, ou no MS-Project, todas as maravilhas da estratégia serão implantadas instantânea e facilmente, sem necessidade de entendimento, de educar para o novo; que as pessoas, simples e automaticamente, entenderão as necessidades do negócio, as demandas do mercado, a pressão da concorrência. Que a transformação acontecerá sem que elas precisem de tempo para se transformar.

As pessoas, fonte mais preciosa da vantagem competitiva, foram abandonadas durante os processos que visavam exatamente alcançar esta vantagem. Empresas e mais empresas estão cada vez mais iguais. Têm tecnologia igual, sistemas informatizados iguais, processos administrativos iguais. E igual resultado. E ainda perguntam por quê.

Estamos em um momento ainda mais delicado. Muitas empresas parecem missa de corpo presente: dezenas de corpos sem espírito que jazem dentro de andares e mais andares de escritórios e chãos-de-fábrica onde há mais vida nas máquinas do que em quem as opera. Se queremos que nossos colaboradores estejam comprometidos com o sucesso de nossas iniciativas e de nossas organizações, devemos rever nossa forma de envolvê-los nesses processos. Minha recomendação é que gestores se dediquem a conhecer e a se aprofundar no estudo dos conceitos que envolvem a mudança e das técnicas de como administrá-las. Ou melhor, liderá-las.

Change management e *endomarketing*, muito longe de serem práticas acessórias, são ferramentas fundamentais se desejamos de fato reverter essa tendência natural de fracasso e buscar um índice muito mais positivo de sucesso para todos, organizações e colaboradores.

Change management: dá para se viver sem? Sim dá, mas certamente mal, meu amigo, muito mal.

Responsabilidade social

Não deveria ser uma coisa óbvia?

SE ALGUÉM FOR VISTO RASGANDO dinheiro, afirmando ser Napoleão ou parando todo mundo na rua para dizer: “Ei, eu sou gente”, será gentil, mas firmemente encaminhado para alguma instituição de tratamento de distúrbios emocionais. Que destino esperam, então, algumas organizações de nossos dias, cujo comportamento é, *no mínimo*, estranho (repare: eu disse “no mínimo”) — aquelas que insistem em alardear suas iniciativas de responsabilidade social?

Vamos esclarecer. Se todas as organizações (exceto a máfia, a Al Qaeda e outros grupos do terrorismo ou do crime organizado) têm, ou deveriam ter, como objetivo o bem-estar da sociedade e, portanto, o zelo para que todas as suas iniciativas fossem socialmente responsáveis, por que ultimamente tantas insistem em afirmar e propagar as ações desta natureza como se fossem exceções, e não a regra? Restam-nos poucas alternativas que expliquem tal comportamento: ou as organizações estão apelando para a redundância, ao insistir no óbvio, ou adentrando pelo caminho da falsidade ideológica — afirmam fazer como se fossem, mas fazem sem o ser. Sugiro quatro hipóteses.

1. Fazem por ignorância ou tolice

Não estão conscientes de sua responsabilidade social e por isso correm o risco de colocar esta condição em dúvida ao insistir em afirmar que são. Como um comerciante que colocasse na porta um enorme cartaz avisando: "Vendemos produtos sem defeito"; ou: "Aqui não enganamos o cliente, pode experimentar". Dão tiros inúteis, arriscando-se que saiam pela culatra. Fariam melhor se poupassem munição.

2. Fazem *overmarketing*

Espero que a expressão exista. Traduzindo: botam o ovo e cacarejam. Menos mal, pelo menos botam o ovo. Mas sociedade satisfeita ainda é a melhor propaganda.

3. Optaram pela versão da surfista Maria-vai-com-as-outras

Querem estar na crista da onda. Se é *in*, se é chique, se é politicamente correto, se os outros estão fazendo, então, fazem também.

4. São socialmente irresponsáveis

Bem, aqui a coisa aperta. Sim, produzem dor, desconforto, mal-estar, tristezas, doenças e até mortes. Na população interna e externa. Ninguém escapa. Seu padrão de serviço é servir apenas a si mesmas. São como gafanhotos, devoram tudo o que vêem pela frente, começando pela saúde de seus funcionários. São como vampiros: se pudessem, criariam um posto de coleta de sangue na portaria. Sugariam até a última gota e depois abandonariam os cadáveres nas filas de programas de demissão voluntária. São como vírus de computador, se disfarçando atrás de anúncios de grande oportunidade de desenvolvimento profissional, salários acima da média do mercado, bônus e ambiente desafiador. Na verdade, explorador. Entram em sua mente e se apoderam de seu corpo, de sua alma, de sua vontade. Dê, no máximo, nove meses e verá o infectado dar à luz um alienígena.

Caso não tenha conseguido ainda associar o nome à pessoa, se ainda não conseguiu reconhecer seu *bebê de Rosemary*, facilito: ele (ou ela) deve ter a cara daquela enxaqueca que pega você uma vez por semana, uma gripe, uma dor nas costas, tendinite que não sara nunca, pressão alta, mais alta que jogador de basquete, taquicardia, cansaço incansável, perda de memória, mau humor, depressão. Essas organizações, cujos fins são só lucrativos (muito lucrativos, aliás) e só para elas, são também como animais predadores. Montam uma teia, uma armadilha a que chamam "estratégia de *marketing*" ou "*business case*" (acho que vem daí a expressão "crime da mala"). Dizem vender um serviço apenas para capturar a vítima e, ao invés de servir a ela, servem-se dela.

São como colonizadores: chegam, desprezam o outro, roubam as riquezas e vão embora (bem, alguns não vão... pelo menos enquanto houver riquezas). Em troca, oferecem poluição. Muitas. Todas. Mental. Ambiental. Sonora. Social. Mas são, principalmente, estelionatários. Fingem-se de santinhos, mas do pau oco. Agem apenas para ficar bem na foto: "Quem, eu? Imagine... estamos aqui para contribuir com o desenvolvimento da nação. Somos socialmente responsáveis. Até temos um orfanato para cinqüenta crianças... ou seriam 48? Bem, não importa, órfão é tudo igual mesmo".

Seja lá qual for a hipótese em que se enquadre uma organização, é necessário rever o termo, rever a prática, rever a estratégia de *marketing*. Muito mais importante que aquilo que a empresa diz aos outros é o que de fato faz por eles, mesmo sem dizer.

Organização só merece participar do mercado se atende a uma exigência básica, óbvia, mas insistentemente ignorada: oferecer, com competência e responsabilidade, a cada pessoa e à sociedade como um todo, produtos e serviços que atendam às suas necessidades reais; com a disposição de receber em troca, primeiro, e em moeda existencial, intangível, a satisfação de ver necessidades humanas atendidas. Só depois disso, e se desejar (já que algumas organizações abrem mão dessa parte, pois seu foco é exclusivamente o bem-estar do outro), receber a merecida retribuição material, na medida de sua competência em gerar bem-estar, isso tudo sem causar a nenhum indivíduo (interno ou externo), grupo social ou ao meio ambiente nenhum dano.

Enfim, que todos esforços da organização, e não apenas alguns, sejam investidos em benefício do outro, e não para posar de bonito ou de bonzinho, nem para manipular a boa-fé do consumidor, nem mesmo para aplacar consciências pesadas. Que a responsabilidade social seja por razão de ser. Ou ainda, como diz no contrato registrado na junta comercial, por razão social.

Sepulcros caiados

Analise cuidadosamente o conteúdo

MOMENTO TRISTE, AQUELE. Juvenal, um dos líderes da igreja, faleceu subitamente. Apesar da noite chuvosa, a congregação compareceu em peso ao velório. Todos saudosos do amigo Juvenal.

— Grande líder. Fará falta a nossa comunidade — lamentou-se um dos presentes ao se aproximar do corpo.

— Homem honrado — disse outro.

— Sujeito exemplar, muito honesto — lembrou Laércio, o tesoureiro.

— Sempre pontual — choramingou dona Marlene, a regente do coral.

Parecendo alarmada com tudo aquilo, Maria Lúcia, a viúva, chamou Luís Cláudio, o filho do meio, e em tom preocupado cochichou em seu ouvido: "Querido, faz um favor para a mamãe. Vá ver se quem está no caixão é seu pai mesmo".

A proliferação de publicações sobre as melhores empresas para trabalhar, as mais admiradas e assim por diante me fez lembrar dessa história. Sem de forma alguma menosprezar aquelas que merecem o reconhecimento por serem de fato melhores e admiráveis, penso ser recomendável uma análise mais cuidadosa do que se diz ser empresa admirável ou boa para trabalhar. Há que se perguntar às viúvas se os *Juvenais* são assim tão maravilhosos. Afinal, quem sabe da vida de uma pessoa não são os de fora, mas aqueles que convivem com ela na intimidade.

Penso ser esta a razão de minha inquietação: as experiências vividas como consultor e professor. Elas me permitem conviver longa e profundamente com grande variedade de organizações, tornando-me, por assim dizer, uma viúva de inúmeros *Juvenais*. Espanta-me, por exemplo, que se considere "uma das melhores" a organização que enviou para o ambulatório o executivo que se sentia mal. De lá foi enviado ao hospital e deste de volta para a mesa de trabalho, onde sofreu um desmaio sobre o teclado e finalmente saiu de licença médica. Ou a que obriga o atendente a mentir para o cliente, fingindo que sua solicitação será atendida. Ou a outra que mais parece um ralo gigantesco por onde talentos escoam.

Intriga-me que nessas pesquisas sejam entrevistados apenas os muitos satisfeitos (e me perguntaria com quê) ou os muito desinformados, pois é gritante a diferença do que ouço, vejo e vivencio com o que leio nessas matérias. Semelhança apenas quando, meio disfarçadamente, confirmam o tamanho da insatisfação dentro das melhores...

imagine dentro das piores! Será que não estamos tentando mascarar a paisagem desolada usando óculos coloridos? Não será mais próximo da verdade que as melhores (e volto a afirmar que conheço algumas verdadeiramente melhores) sejam, em geral, apenas as menos piores? Ou pior, sejam apenas sepulcros caiados:[1] lindos por fora, terríveis por dentro?

Coisa de cinema

Curiosamente, dois mil anos depois de essa expressão ter sido cunhada, foi noticiado recentemente que algumas empresas americanas que haviam construído novas sedes suntuosas teriam quebrado logo em seguida. Resultado lamentável de *organizações-juvenais*, que morrem subitamente por não se dar conta de que o que mantém hoje uma organização em pé não são as estruturas metálicas, mas as relações humanas. A lição que parecem não conseguir aprender é que fazer de conta só dá resultado a longo prazo para a indústria cinematográfica. Só ela pode viver de fantasias.

Mas o que podem fazer organizações como essas se, de repente, quiserem realmente saber o que se passa dentro delas e não conseguirem receber uma resposta sincera de seus colaboradores? Lamento, mas tenho más notícias.

Primeiro, precisam reconhecer que quem começou a brincadeira de gato-e-rato foram elas. Seus funcionários sofreram tanto que resolveram tomar doses maciças de

[1]Evangelho de Mateus, capítulo 23, versículo 27.

simancol e já sabem que não adianta ser sinceros, pois sua sinceridade, como dizem os policiais em filmes americanos, pode e será usada (sempre e apenas) contra eles.

Segundo, devem aceitar o fato de que o voto de silêncio pode ter se impregnado em sua cultura. "Nada vi, nada sei, não fui eu, não é comigo". As pesquisas de clima são respondidas com a resposta certa, não com a verdadeira. "Vai saber", pensa o funcionário, "se o chefe não tem acesso aos dados individuais da pesquisa ou se lá no RH o pessoal não reconhece a minha letra?".

Terceiro, é necessário encarar a triste realidade da atitude desonesta e irresponsável da empresa para com as pessoas — seus funcionários, seus clientes, seus fornecedores, extorquidos até sangrar. Tal comportamento se reflete em suas entranhas. Agora são organismos tomados por uma doença mortal: as fraudes internas. Alguns daqueles corretamente chamados "colaboradores" resolveram não mais colaborar. Vamos e venhamos, tiveram com quem aprender a ser maus. Tornaram-se vírus organizacionais. Sabotadores. Agentes de destruição à espreita da melhor oportunidade de causar prejuízo. Estão lá para desfalcar, prejudicar, roubar, apenas pelo mórbido prazer de ver a organização ruir. Tiram no palitinho para saber quem será o último a sair e apagar a luz.

A meus mestres, com carinho

Ensinar é uma das mais nobres formas de servir

PELO QUE SE VÊ POR AÍ, algumas pessoas acreditam que realmente nasceram sabendo tudo. Tolas. Todos nós nascemos carentes de instrução, de alguém que nos oriente, nos ajude a desviar das armadilhas que a vida prepara. Muitos e variados são esses agentes de ensino. Alguns, inanimados, como o portão malcalçado que bate no carro quando estamos saindo da garagem e nos ensina a ser mais cuidadosos da próxima vez. Outros, muito mais animados, como o vento frio que traz a dor de garganta e a gripe, a nos lembrar de não sair mais do banho quente para a rua com o cabelo molhado.

Podemos aprender também, e muito, com os animais. Com a habilidade arquitetônica do joão-de-barro (ainda que não muito com sua falta de criatividade... será que ele nunca ouviu falar em duplex?); com as obras faraônicas do castor, que quer represar o mundo; com a audácia do mangusto, que enfrenta a serpente venenosa; com a rapidez da lebre, que precisa ser mais célere que a raposa; com a visão de longo prazo e a paciência do jacaré, que com a bocarra aberta espreita seu almoço desde manhã cedinho.

Mas não tem jeito melhor de aprender do que com gente. Razões não nos faltam para acreditar nisto, a começar pelo fato, este sim, verdadeiro de que nascemos com "cara de joelho", carecas, vermelhos (provavelmente de raiva de quem nos tirou daquele conforto), chorando, com fome, sem dentes e, para piorar, ignorantes. Em compensação, porém, nascemos com um imenso potencial para adquirir conhecimento e habilidades. Esta é certamente uma das maravilhas da nossa existência. Temos ignorância bastante para suprir por toda a vida nossa curiosidade por conhecer o novo. Tanta ignorância, meu prezado leitor, que vamos deixar a vida ainda ignorando muita coisa. E ninguém melhor para nos acompanhar nesta jornada do descobrimento do desconhecido que o outro.

Nesse quesito, *hors-concours* ou por uninimidade de votos, vêm em primeiro lugar nossos pais, aqueles caras legais que, apesar de nos esperarem por nove meses e nos receberem daquela forma descrita há pouco, nos vêem como filhos, nos amam e nos ensinam. Às vezes, é bem verdade, usando métodos pouco agradáveis, como palmadas e chineladas que diziam doer mais neles do que em nós, ou que eram um remédio melhor tomar em casa que na rua. Lições que hoje, do outro lado do chinelo, reconheço como repletas de sabedoria.

Entretanto além de nossa família — aí incluídos irmãos e irmãs, tios e tias, avôs e avós —, ainda na mais terna infância, conhecemos um novo parceiro na jornada do aprendizado: o professor. Ele não é parente, mas é como se fosse. Na maioria das vezes, vamos lembrar dele de uma forma bem pouco gentil ou educada, pois nos deu aquela prova surpresa no fim do semestre. Teremos outras recordações ainda mais desagradáveis de muitos deles que passaram por nossas vidas. Aqueles que desempenharam apenas um papel profissional, ou menos que isso. Meros batedores de cartão. Entraram na sala e em nossa vida apenas para ganhar um salário (sempre bem pequeno neste país que ainda não entendeu a importância do professor). Foram quase descartáveis. Repetiram os parágrafos dos livros e os exercícios da matemática da fantasia, em que as contas sempre davam exatas no final. Ensinaram-nos pouco porque sabiam pouco, cresceram pouco e não aprenderam a lição de servir.

Inesquecíveis

Você, eu e todos os outros, porém, tivemos pelo menos um professor dos sonhos. Aquele que parece o molde sobre o qual Robins Williams, Sidney Poitier e Richard Dreyfuss construíram suas personagens inesquecíveis em *Sociedade dos poetas mortos*, *Ao mestre, com carinho* e *Adorável professor*.

No entanto, inesquecível mesmo foi aquele nosso professor. Acho que o meu nasceu professor. É, mais ou menos assim, prontinho. Um tipo especial de gente que sempre gostou de aprender porque queria ter sempre algo para ensinar. Gente que não se importa com quanto vai ganhar ou quanto vai gastar para ensinar. Gente que se importa com a gente. Gente que parece que está dando aula só para a gente, e ainda tem tempo de dar uma explicação só para a gente depois que a aula termina. São seres humanos especiais que nos impactaram a ponto de alguns de nós se inspirarem na vida deles e virarem professores.

Meu abraço afetuoso e saudoso a todos os verdadeiros professores, e muito mais especialmente aos meus queridos mestres, que me serviram como exemplo de que ensinar é uma das melhores formas de servir ao próximo. Moldaram o meu caráter e me ajudaram a descobrir a profissão que amo.

Mudar ou não mudar? Esta não é a questão!

Time que está perdendo não se mexe

Creio que a característica mais importante que alguém que procura entender as organizações precisa assimilar é que elas não apenas são formadas por pessoas, mas justamente por isso refletem com precisão a natureza humana. Por assim dizer, toda organização é um organismo vivo composto por pares, dúzias, centenas, milhares de outros organismos, ou seja, as pessoas nela envolvidas. Este conjunto inclui não apenas seus colaboradores diretos, mas também, em maior ou menor grau de participação e influência no todo, seus clientes, parceiros, fornecedores e até visitantes. São, portanto, imagem e semelhança de quem as criou, e ainda mais, de quem as mantém vivas.

Como qualquer um de nós, a maioria delas tem uma enorme dificuldade de mudar, mesmo quando o bom senso (seja lá o que for isto) ou o senso comum (por menos comum que seja) nos alerte para a necessidade — por vezes até urgente — da mudança. Mesmo quando tudo dá errado, quando os joelhos já reclamam há anos do excesso de peso, a balança range, como que sentindo mais dores do que os joelhos, quando as nossas roupas, como por mágica, começam a encolher dentro do armário, mesmo assim, como é difícil tomar a decisão de partir para um *spa*.

Assim também são as organizações. Difíceis de mudar. Retardam sempre que possível todas as decisões *ad infinitum*, ainda que para isso tenham um trabalho imenso (trabalho imenso é melhor do que mudar) apenas para criar a impressão da importância e da urgência da mudança. É um tal de "comitê disto" e "comitê daquilo", "Projeto Novo Mundo" — não há uma organização com mais de dois funcionários que nunca tenha feito isso. Reuniões, comissões, distribuição de tarefas e nada de alguém assumir, de fato, a responsabilidade pela mudança. Mudar para quê, se dia dez o depósito vai cair na conta do mesmo jeito?

Elas (as organizações ou as pessoas? Ambas!) adiam quanto podem o início dos processos de transformação capazes de tirá-las do trilho da indolência que as conduz inexoravelmente à incapacidade de crescer e, portanto, rumo à morte, seja factual seja encoberta por uma fina camada de tinta nova que vai descascar na primeira chuva forte. O que pode, entretanto, explicar um comportamento tão deletério, tão autodestrutivo? O que, enfim, impede um time que está perdendo de se mexer? Inúmeras razões podem ser citadas. Aqui trataremos de três das mais importantes.

Medo

Simples assim. Reação das mais primais do ser humano. Tememos o que não conhecemos, ainda que seja algo potencialmente bom. Colocando de forma bastante simples: as organizações não mudam porque têm medo de mudar. Como dizia minha avó, preferem um mal que já conhecem do que um bem que ainda não conhecem. Parece ilógico. E é. Mas é prática comum. Da mesma forma que a esposa agredida receia abandonar o marido agressor, o executivo recusa a nova oportunidade de desenvolvimento de carreira que o obrigaria a mudar de cidade, de Estado ou de país. Afinal, quem me garante que diferente será melhor? Ninguém. Mas dá pra garantir que, do jeito que está, já é ruim o bastante, o que justifica a tentativa de melhorar.

Acomodação

De longe, até parece com o medo. Também causa paralisia, imobilidade, estagnação. Tem, todavia, os próprios costumes. É aquele amor irresistível pela manutenção das práticas, por mais anacrônicas que sejam. É como o animal de carga que puxava a charrete do coletor de leite das pequenas propriedades no passado interiorano de nosso país, e que ainda parava em todas elas, mesmo quando os anos se passaram e não havia mais leite para coletar.

"Por que mudar procedimentos, prospectar novos clientes, desenvolver novos produtos, novos mercados, nova maneira de ver o mercado e até a própria realidade interna da organização? Afinal, sempre fizemos assim. Por que esse cara resolveu mexer logo com isso? E logo agora, que só faltam quinze anos para eu me aposentar? Deixa como está para ver como fica. Não bota a mão nessa cumbuca."

Essas pessoas esquecem de se questionar: faziam sempre assim porque antes dava certo (se é que dava), mas e agora? Certamente não! Andar com mais afinco e mais dedicação pelo caminho errado não vai levar ninguém ao destino certo. Esforço não compensa incompetência. Repetir incansavelmente o erro não vai transformá-lo em acerto. Não mesmo.

Ignorância

Sim, tem muito dinossauro distraído e desatento às mudanças climáticas, brincando na lama que o transformará em fóssil. O sol está esquentando, o protetor solar fator cinqüenta já não está mais dando conta do recado, a lama está subindo e o sujeito continua indo para o brejo com a cara mais feliz do mundo.

Uma forma estranha de lidarmos com a realidade é simplesmente ignorá-la. A *vaca sagrada* está no pasto há mais de vinte anos, não é? Então deixe-a quieta. É só fingir que não é com a gente. Afinal, ninguém está reclamando. Por ignorar sistematicamente os sinais do tempo, muitas organizações sucumbiram ou perderam o pé da mudança. "Temos o melhor produto do mundo, somos os maiores, os melhores. Estamos a anos-luz de nossos competidores. Somos imbatíveis".

Mas foram abatidos. De repente, como um raio, apareceu um novo produto, um novo canal de distribuição ou relacionamento com o cliente (alguém já ouviu falar de uma tal "Internet"?), e aí o maior, o melhor produtor de máquinas de escrever, rodas para carroças e máquina de telex não teve mais para quem vender seu produto. O mundo passou na janela "e só Carolina não viu", como diz a letra de Chico Buarque.

Com a variedade e a facilidade de acesso a tantas fontes de informação, como é possível haver quem não olhe para o lado e aprenda com os melhores entre os melhores, em todos os ambientes organizacionais? Ou a atender bem com o melhor hotel, mesmo sendo *call center*? Ou a educar e desenvolver com eficiência com a melhor escola primária, mesmo sendo um supermercado?

Para quem tem a responsabilidade e a disposição de promover as mudanças necessárias em sua organização, é fundamental conhecer os medos, as razões e as desculpas para a acomodação. Precisa identificar e preencher as brechas de compreensão e percepção da realidade, trazer esses aspectos ao conhecimento de todos os envolvidos, revelar a nudez do rei e corajosamente liderar a mudança do time.

Reunião de condomínio? Inclua-me fora!

Acostume-se: viver em sociedade é aprender a remar no mesmo barco que os outros

VAMOS, CONFESSE: com um título desses não dá nem vontade de ler, não é verdade? Assunto desconfortável demais. Difícil imaginar por que eu teria escolhido tratar de um tema tão desagradável. Mas a razão é exatamente esta. Acompanhe-me mais um pouco. O texto acaba logo, muito mais rápido que reunião de condomínio.

Faça um levantamento em seu prédio. Descobrirá o baixíssimo nível de freqüência e a falta de pontualidade dos poucos que comparecem às sessões, sempre agendadas e comunicadas, por lei, com vários dias de antecedência. Mas todo mundo tem uma desculpa. "Puxa, esqueci" é certamente a pior. Não é a memória que nos trai, mas a falta de desejo que nos faz desejar esquecer. E esquecer mesmo. Ou fingir que esquecemos.

"Tinha outro compromisso importante e não podia faltar" é uma desculpa um pouco melhor, mas que também não convence ninguém. Priorizamos os compromissos que nos interessam e, convenhamos, ninguém tem interesse em reunião de condomínio. Quiçá o síndico. Muitas vezes, nem ele. Talvez apenas a velhinha do 52, cujo único evento social para o qual ainda é convidada e tem o prazer de comparecer é a bendita reunião.

Perdão. Estava cometendo uma grave injustiça. Esqueci a dona Aurora (nome fictício, claro). No meu prédio, ela mora no 22, no seu eu não sei. Sim, quero dizer que em todo condomínio sempre tem uma dona Aurora ou um clone dela. Quer conferir? É fácil. Dona Aurora é um sargento. Não, ela não é militar. Por pouco. Até queria se alistar e servir, mas no tempo dela mulher ainda não podia. Mas essa é outra história.

Acabou sendo diretora de escola pública na periferia. Durona, enfrentou barras pesadas. Teve até de encarar aluno armado. Uma vencedora. Pendurou as chuteiras lá e agora é co-síndica. Não, eu escrevi certo. Ela não é a subsíndica, oficialmente eleita pela maioria dos presentes, porque a maioria mesmo não compareceu na ocasião apropriada e registrada em ata. Dona Aurora é síndica honorária. Por opção e por vocação, eleita por si mesma.

Ela realmente adora reunião de condomínio, pois, segundo diz, "é o dia em que vamos colocar ordem nas coisas por aqui". Se a pauta oficial tem três itens, a pauta dela tem 21. Em todas as reuniões, faz comentários suficientes para afetar todos os demais condôminos. Inclui problemas como:

- bebês, crianças, adolescentes, jovens, casais de namorados, recém-casados, casados, divorciados, descasando e afins;
- cachorros, gatos, *hamsters*, papagaios e outros animais de estimação;

- faxineiras, empregadas, diaristas, porteiros, zeladores e afins;
- carros, motos, bicicletas, patins, *skates* e quaisquer outros meios de locomoção;
- o apartamento dela, o do vizinho de cima, o do vizinho de baixo, o do lado esquerdo e o do lado direito;
- a calçada, o portão, o jardim, a recepção, o *playground*, a garagem.

E a lista não tem fim. Parece com alguém que mora no seu prédio? Viu?! Eu não disse que tinha uma dona Aurora aí?

Cada um por si?

Bem, mas não fujamos do assunto principal: por que reuniões de condomínio são tão indesejáveis? Penso que o motivo principal é: por nossa causa. Não, não se assuste nem fique ofendido. Quando digo nossa causa, me refiro a mim, a você, ao síndico, à velhinha do 52, a dona Aurora, aos poucos que vêm e aos muitos que faltam. Todos nós.

Primeiramente porque não compreendemos corretamente o que é viver em comunidade. Parece ser de nossa cultura o gostar muito de gente, de festejar, de reunir duzentos mil pessoas na rua pulando Carnaval, mas quando se fala de conviver... aí é cada um na sua.

Cada um por si, e ninguém por ninguém. Quando nos juntamos em comunidade, aí vai tudo para o ralo. Não gostamos, e verdadeiramente ainda não sabemos pensar no coletivo. O que em outras culturas é tão profundo que até pode nos parecer excessivo, na nossa é totalmente desprezado. Aqui vale mais o cada um por si e deixar Deus ser por todos.

Quanto tempo vamos levar para amadurecer e entender que viver em sociedade é viver com o outro e para todos? Que varrer o lixo para a calçada do vizinho não é esperteza, é deixar a nossa rua suja do mesmo jeito? Que não existe esse negócio de "o furo é no *seu* lado do barco, problema seu"? Precisamos compreender que existe apenas um barco, e qualquer furo é sempre risco para todos. O risco de naufragar é de todos.

Em segundo lugar, não sabemos lidar com a diversidade. Não suportamos a idéia de conviver e *compartilhar nossa vida privada* — e me perdoe a aparente contradição. Temos uma imensa dificuldade de aceitar que o outro é diferente de nós, esquecendo que somos diferentes para o outro, que a função de síndico não é só ser chato; é chato ser síndico também. É chato receber ligação do 201 às duas da manhã reclamando do barulho do 301, e ter de ligar para o 301 e ouvir as reclamações dele sobre o 401. É chato ter de avisar aos pais que as crianças estão ralando os carros com as bicicletas e ouvir deles que as crianças (as dos outros) estão ralando seus carros com as bicicletas.

É chato, mas alguém tem de assumir essa obrigação. E a nossa é compreender quão difícil e incômoda ela é, e sermos mais agradecidos para com quem a exerce. Sei como é complicado agüentar as perguntas sempre óbvias da velhinha do 52. Concordo. Mas, nossa disposição de ouvi-la vai mudar quando nos conscientizarmos de que, quando ela nasceu, não havia TV a cabo, nem Internet banda larga; entender que, já que ela vai participar da instalação dessas benesses tecnológicas com uma porção importante de sua pensão, é justo que possa esclarecer suas dúvidas. Em momentos como esses, precisamos nos lembrar de nosso destino menos dramático (já que a alternativa é morrermos jovens): envelhecer e nos tornarmos o velhinho do 52.

Singulares no coletivo

Sei também como é complicado conviver com a dona Aurora; mas não é impossível. Principalmente se ela se conscientizar de que não mora mais naquela casa de bairro, tranqüila, isolada dos dois lados, que ela trocou pela segurança e pelo preço social de morar em apartamento; e se reconhecermos como positiva a sua colaboração para que a coisa não vire bagunça. Pois, na realidade, muito do que tanto prezamos de ordem e limpeza no condomínio não aconteceria se ela não estivesse lá, pegando no pé de todo mundo.

Afinal, reunião de condomínio não é diferente de viver em condomínio, e não é diferente de viver em sociedade, nem de trabalhar em uma organização ou de ser parte de uma equipe. Exige a determinação de participar com o melhor de si para o coletivo, de abrir mão de algumas prerrogativas, de olhar a situação sob o ponto de vista do outro, de aceitar a diversidade, de respeitar limitações pessoais e limites territoriais (teto para um é piso para outro) e visar sempre ao bem-estar coletivo.

Assim, ao encarar a próxima reunião de condomínio, em sua empresa, na escola, na associação de bairro, no clube, no plenário da Câmara ou com a família, tenha outros olhos, uma nova disposição. Participe, contribua de forma positiva e aprenda um pouco mais sobre o lado humano da vida. Afinal, o "mundo é um círculo, e tudo o que você faz reflete em você".

O que vale agora é o contrato

Ninguém ganha um jogo novo
seguindo regras antigas

MUITOS QUE DESEJAM ALCANÇAR a estabilidade profissional estão buscando a sonhada carteira assinada. Outros desejam preservar o vínculo empregatício. Acredito que isso faça as pessoas se sentirem mais seguras, mais dispostas a entrar naquelas dezoito prestações para comprar a máquina de lavar, ou nas sessenta do carro novo. Mas será que compreendem claramente o que significa ter uma carteira assinada? Já teriam se dado conta de que a única garantia que têm de emprego não é o Fundo, mas no máximo o emprego de ontem? Que o emprego de hoje, de amanhã nada e ninguém pode garantir?

Contrariando as expectativas de quem busca uma assinatura na carteira, o IBGE divulgou um estudo de

2005 segundo o qual 98% das pequenas empresas não agrícolas do Brasil são informais. Ou seja, este segmento tende a diminuir cada vez mais a oferta de empregos com carteira assinada. Nas médias e grandes, em lugar da informalidade o que cresce é a terceirização. Já é bastante comum ver empresas em que altos executivos não possuem vínculo empregatício e dão nota no fim do mês como se fossem (e são) prestadores de serviço. Já existem empresas com dez mil pessoas na folha de pagamento e outras seis mil terceirizadas por meio de contrato.

Se no passado os terceirizados eram apenas uns poucos para suprir alguma bolha de demanda, hoje quase tudo entra nessa categoria. Tome-se o exemplo da Nike, que vende milhões de itens e não fabrica nenhum. Dos serviços de segurança e manutenção, quase cem por cento são terceirizados. Nos projetos, consultores independentes já são numerosos há muito tempo. *Outsourcing* na área de tecnologia é muito comum. Mais recentemente esta onda atingiu muitos outros processos de negócio (os BPOs).

Razões não faltam: redução de custos fixos, foco no *core business*, transferência de riscos, busca de especialistas, entre outras. Não as discutiremos aqui. Nosso objetivo é colaborar com aqueles que ainda têm carteira assinada, mas em breve, muito breve, podem ter de atuar como empresários, autônomos ou mesmo na informalidade.

"Eu não esperava"

Para começar, surpreende a freqüência com que as pessoas demitidas se queixam dizendo que não esperavam por isso, ou não estavam preparadas. "Como é que vou me virar agora?" e reações afins são típicas de quem acha que o presente é garantia do futuro e que empenhar o futuro é uma boa maneira de viver o presente. "Não esperava por isso" é coisa de quem não discerne sua situação na organização nem a da organização no mercado. Ou, em outras palavras:

- anda com o nariz tapado e não sente o cheiro de óleo fervendo, e que no pastelzinho de amanhã ele será o recheio;
- não consegue relacionar as últimas avaliações de desempenho com a permanência no cargo e na empresa;
- está com cera nos ouvidos para não compreender as indiretas — e diretas — do chefe;
- não percebeu que ter sido preterido nas últimas (duas ou três) promoções são sinais mais que evidentes de que não está agradando;
- ainda acredita naquela velha história de que "aqui ninguém é mandado embora";
- não acompanha os resultados desfavoráveis de sua organização no mercado;
- não percebeu a situação de duplicidade de sua função no processo de *merge* com outra empresa, ou de nulidade da sua função com a implantação de um novo processo, uma nova estratégia, um novo sistema informatizado.

E por aí vai. Ou foi. Já o "não estava preparado, como é que vou me virar agora?" só torna a coisa ainda pior. Como assim, não estava preparado? Simples: tem muita gente achando que vínculo empregatício é, como comentei há pouco, uma situação privilegiada e segura. Santa ingenuidade, Batman! Sugiro ampliar a visão da relação empregado-empregador para a de prestador de serviços-cliente. A grande vantagem associada a esta mudança de visão é uma mudança radical de postura.

Em vez de se acomodar com a idéia de que a empresa é grande, multinacional, "estamos muito bem" e ficar tranqüilo, pensando que alguém deve estar fazendo a organização ganhar o dinheiro necessário para pagar o seu salário e seus benefícios, você deve se portar como empresário e dedicar o mesmo esforço e traçar estratégias como um deles. Isso significa passar a compreender que se é remunerado pela capacidade de oferecer ao cliente algo que necessita, nas condições técnicas e comerciais que julga aceitáveis e sempre numa relação claramente vantajosa de custo-benefício. Para ele.

Empresa alguma contratará seus serviços ou os manterá se não atender a esses critérios. E devemos dar ênfase ao termo "manter", pois ser contratado demanda muito esforço, mas é apenas a primeira parte de uma boa relação comercial. Manter-se contratado é um desafio ainda maior. Obriga a manutenção de um padrão elevado de qualidade dia após dia. Incessantemente.

Jamais esqueça que seu cliente é um empresário, não um filantropo. Ele visa à sobrevivência da organização no mercado, e para isto precisa que ela dê lucro. Demonstrar compreensão de algo tão simples (quanto esquecido por quem critica a visão empresarial e confunde lucro com ganância) e oferecer apoio ao cliente na conquista de seus objetivos tangíveis é um excelente começo.

Desenvolva uma estratégia de negócios — o que vai vender, como e a quem

Tem muita gente que está na empresa porque está, ou nem sabe por quê; quando muito, sabe um "para quê" resumido tão-somente a ganhar dinheiro. Não tem plano, visão, nem estratégia. Vai para onde a onda leva. No mínimo, você precisa saber o que tem a oferecer, quem pode ter interesse nisso, seu valor no mercado, quais são seus concorrentes, como se posicionar diante deles. Enfim, quais serviços, prováveis clientes e como os conquistará.

Saia da inércia e da velha ladainha "eu podia sair daqui e ganhar muito mais". Se isto é de fato verdade, então vá! Mostre que realmente tem mais valor no mercado do que onde está. Entretanto, se tem suas dúvidas, seja mais humilde, tenha mais respeito pela atual oportunidade e preste um bom serviço ao cliente de hoje. Lembre-se, porém, de que isso não é tudo. Está mais perto de ser o mínimo necessário.

Desenvolva suas competências

Aprenda como garantir qualidade e destaque em seu serviço. Ele é você. Quanto melhor for, melhor sua aceitação no mercado. Na relação comercial, o cliente não está comprando um funcionário, nem você está conquistando uma posição na hierarquia, uma cadeira, um crachá. O cliente busca mesmo é uma solução, ainda que isso signifique juntar um milhão de pecinhas em um pacote: consultor, parafuso, carrinho de mão, avião e jujuba.

O profissional que quer ser encarado como empresário, prestador de serviços, deve levar isso em consideração. Deve desenvolver continuamente seu potencial de atendimento às necessidades do cliente, expandir a capacidade de aplicação de seu serviço. Ele vai conseguir alcançar esses objetivos se expandir seus conhecimentos e suas habilidades. Estudar, ler, exercitar e aprender são, portanto, aspectos de uma postura para a vida toda. Quem pára de pedalar cai da bicicleta, e bem na frente do Departamento de Pessoal. Captou a mensagem?

Execute com excelência e torne esta a sua vantagem competitiva

Num mundo de iguais, faça algo realmente muito bem, de forma especial e única. Sendo excelente, será diferente, e seguramente o mercado o tratará com especial deferência. Não fique esperando na fila com os outros fornecedores: vá falar direto com quem decide. O cliente ficará tão impressionado com sua postura que nem se interessará em ouvir os outros fornecedores. Fechará o contrato na hora e por um valor acima do praticado pelo mercado. Satisfeito, não terá interesse em trocar de fornecedor por um mais barato porque respeitará sua competência em atender às necessidades dele. Você será reconhecido como aquele médico de confiança fora do convênio a quem a gente não se incomoda de pagar a consulta e o tratamento.

Garanta ao cliente o retorno do investimento

Seu serviço sempre custará muito menos do que vale. Isso mesmo, você leu direito. Qual cliente investirá um para ganhar um? Nenhum. Quando a organização contrata um serviço de dez milhões é porque pretende ganhar vinte, trinta ou cinqüenta milhões com ele. Nenhuma empresa investe em um prestador de serviços apenas pelos seus lindos olhos azuis. A todo tempo devemos considerar se a proporção "quanto recebo *versus* quanto produzo de resultados para o cliente" é favorável ao segundo. Se não for, prepare o currículo.

Desenvolva relacionamentos

Conquiste não apenas o cliente, mas uma reputação junto à comunidade em que ele está inserido. A maioria das pessoas não aproveita a oportunidade de estar ligada a uma empresa para criar um círculo de relacionamentos de alta qualidade. No mercado atual, conhecer pessoas vale mais que ouro. Garantir uma boa imagem na mente de quem foi seu empregador, colega, fornecedor, cliente, parceiro comercial e até concorrente, enquanto estiver ligado a uma empresa, fará uma enorme diferença quando, porventura, você se desligar da organização e tiver de buscar uma nova contratação com ou sem vínculo empregatício.

Por isso, preciso insistir, é importante conquistar a confiança, a credibilidade e a simpatia das pessoas com quem você conviver. E estou falando em criar um relacionamento mesmo, não em colecionar cartões de visita de pessoas que nunca se lembrarão de você ou farão questão de esquecê-lo e não atender a seus contatos.

Perpetue a relação comercial

Melhor que conquistar um cliente novo é manter um atual. O custo de manter um cliente é muito menor que conquistar um novo. Por isso, tenha em mente a importância de atender ao cliente atual (seu empregador) como o cliente mais importante. Afinal, neste momento é o único. Isto não significa deixar de encarar as oportunidades do mercado, mas enquanto o contrato estiver valendo não poupe nenhum esforço.

Síndrome de Michelangelo

Colocando alma em seus modelos de gestão, algumas empresas fazem diferença

Conta-se como lenda, mas é possível que tenha realmente acontecido. Nada nos impede de pensar que sim. Em 1513, Michelangelo, o genial mestre renascentista, conseguiu finalmente cumprir a tarefa encomendada muitos anos antes pelo Papa Júlio II, então já falecido. O mausoléu do sumo pontífice, que seria originalmente ornado com quarenta figuras esculpidas em mármore de Carrara, se resumira a pouco mais que a enorme figura do profeta Moisés de mais de dois metros de altura. Se a quantidade de figuras fora reduzida, na qualidade algo mágico havia sido alcançado. A textura e as dobras do tecido, a reprodução fiel da barba e do cabelo, a expressão do olhar, a percepção da fina camada de pele encobrindo as veias sobressaltadas nas mãos, todos são aspectos fantásticos que ainda hoje impressionam muito qualquer espectador.

O surpreendente é que tenham assim impressionado ao próprio Michelangelo. Quem sabe, visando dar a perfeita expressividade de uma figura humana à estátua, ele tenha entabulado milhares de horas de um monólogo íntimo perguntando o que estaria pensando a figura que esculpia, o que desejava, pelo que ansiava, o que sentia.

Se é verdade que, certa vez, questionado sobre como conseguia esculpir um leão em um bloco de mármore, teria dito que simplesmente tirava do bloco tudo o que não era o leão, podemos imaginar que, por meses a fio, fez exatamente assim com seu Moisés. Após enxergá-lo submerso na grande massa de pedra, foi tirando lasca a lasca, resíduo a resíduo, dia após dia, libertando-o de sua fria prisão.

Nesse processo, cheio de energia criativa, mas também de muito suor e força física, acho difícil duvidar que, nas longas e solitárias horas passadas com seu amigo de mármore, Michelangelo não tenha se deixado envolver em uma relação tão profunda e verdadeira como se fosse com um ser humano.

Quem sabe tenha sido este processo cotidiano de proximidade que fez o mestre insistir tanto na perfeição das formas. Talvez trabalhasse com o desespero de quem socorre um náufrago, com o afinco de quem quisesse remover o último grão de mármore que, por fim, desse ao objeto inanimado uma alma; que desse ao homem de mármore o mesmo sopro da vida que Deus dera a Adão, o homem de barro, no Jardim do Éden. Talvez, por tudo isso, quando nada mais

lhe restava a remover ou a moldar, sentiu tanta mágoa ao silêncio de Moisés a sua pergunta: "Por que não falas?", teria perguntado o mestre renascentista à sua estátua.

Por que os funcionários não respondem a todas as estratégias que propiciariam um ambiente de alto desempenho, perguntam-se os administradores contemporâneos. A resposta é simples: estamos vivendo sob a síndrome de Michelangelo. Procuramos implantar as melhores estratégias, rever nossos processos, oferecer o que há de mais avançado em suporte tecnológico. Implantamos ERPs, enviamos centenas de e-mails para facilitar a comunicação e até oferecemos celulares com a conta patrocinada pela empresa para que ninguém fique desconectado.

Fazemos mais. Contratamos os mais talentosos egressos das melhores faculdades com as mais famosas pós-graduações internacionais. Remuneramos de forma diferenciada e agressiva. Damos bônus e mais bônus para os melhores desempenhos. Avaliamos em um giro completo. Treinamos. Envolvemos tudo em declarações de missão e visão. Recobrimos com a doce camada da responsabilidade social. Tudo orientado por formulações estratégicas refinadíssimas. Tudo polido. Tudo reluzindo. Mesmo assim, segundo pesquisa do Instituto Gallup,[1] 71% dos profissionais não estão realmente comprometidos com suas organizações.

[1]Citada em "Gerencie seu sigma humano", John FLEMING, Curt COFFMAN e James AARTER, Havard Busines Reviw, julho de 2005.

Alma na estratégia

Não negamos a boa intenção por trás de todas essas iniciativas corporativas, mas precisamos aceitar o fato de que ainda estamos nos esforçando muito mais no aperfeiçoamento da forma em detrimento do conteúdo. Se esculpir a estátua perfeita não a fez falar, pensar, criar ou sentir, também os melhores planos não despertam em nossos colaboradores a vontade de participar.

Para que uma estratégia dê certo, ou pelo menos seja implementada, ela precisa ser não apenas comunicada, mas entendida. Não apenas comandada, mas aceita. Não apenas aplicada, mas compreendida. Não apenas externada, mas, principalmente, internalizada. Não apenas estar nos sistemas e nos processos, mas na mente e no coração. E isso tudo só se consegue pelo relacionamento pessoal. Enquanto em nossas iniciativas faltar alma, nas pessoas faltará ânimo.

Para esperar resposta de modelos perfeitamente elaborados é preciso traduzir plano em exemplo pessoal, estratégia em postura individual. Personificar a visão. É necessário envolvimento, e quem se envolve são pessoas, não processos. Pessoas se relacionando com outras em profundidade, proximidade, empatia. Uma intimidade baseada em respeito, não aquela intimidade já vigente em muitos lugares para assédio moral ou sexual, em que chamar de "gostosa" e de "burro" é permitido, enquanto perguntar "como vai seu filho na escola" é pedir demais de um executivo.

O exemplo de como conseguir esse envolvimento está nas organizações que conquistam resultados muito acima da média do mercado. Elas aprenderam que não adianta apenas implantar as melhores estratégias, os melhores processos, as melhores ferramentas de suporte, mas também que o mais importante é implantar um modelo de relacionamento melhor e mais saudável, criando uma cultura organizacional baseada em princípios de liderança centrados nas pessoas.

Entenderam que, longe de ser uma questão de posição hierárquica ou de ascendência, o exercício da liderança é o único modelo de relacionamento interpessoal capaz de despertar em cada um a verdadeira vontade de falar, de participar, de se envolver. De (como as empresas tanto desejam) levar as pessoas a se comprometer, verdadeiramente, com os objetivos da organização.

Essas organizações revisaram seus conceitos de liderança, do que é liderar e ser um líder de fato. Deram à luz um modelo de gestão, ou mais, uma cultura em que os relacionamentos humanos baseiam-se no interesse mútuo de causar no outro — colega, fornecedor, cliente ou comunidade —, o impacto mais positivo possível. Aprenderam o que há de melhor na história de Michelangelo. Por mais absurdas que pudessem ser suas pretensões, ele pelo menos trilhou o caminho correto. Demonstrou interesse, se aproximou, se envolveu, dedicou tempo e esforços para atender às necessidades do outro. Deu um exemplo excelente do que é ser um líder.

Da mesma forma, as organizações que desejam ter sucesso semelhante podem continuar no caminho da implantação de modelos e ferramentas, mas não podem parar por aí. Terão de ir além do processo bem desenhado, da figura bem esculpida, ou continuarão chegando a todo fim de trimestre se perguntando: "Por que não falas?". Precisarão investir num projeto de transformação organizacional a partir do indivíduo e com foco nele e nas relações interpessoais. Permitir a cada um e incentivá-lo a se desenvolver plenamente, em vez de sentir-se apenas parte de uma estrutura bem esculpida, polida, brilhante, porém fria e sem vida.

Sabin e o carimbo

Não permita que sua realização saia porta afora

O TERMO "DEMISSÃO" não é mais repugnante ao leitor do que a mim. Só quem já passou pela experiência pode exprimir a sensação de desamparo, rejeição e inutilidade. Até pouco tempo antes, a pessoa era parte de algo, era importante, fazia algo, era alguém. Tinha condições de sobrevivência, podia pagar suas contas, manter as crianças na escola. E depois da demissão? Parte de sua identidade lhe é retirada. Perde seu sobrenome. Não é mais o Carlos da GM, o Luís Antônio da Monsanto, a Maria Claúdia da Abril. Quando fizer um telefonema, do outro lado da linha perguntarão: "Eduardo? De onde?" E a pessoa, vai responder o quê?

Já passei por isso. Sei o que se sente quando, de repente, aparecem na carteira tantos espaços vazios. O bolinho de cartão de visitas vai embora junto com a carteirinha do plano de saúde pago pela empresa, o cartão de crédito empresarial e os vales-refeição. Pedem de volta seu celular com o número que todo mundo conhece. Você acorda sem escritório, sem computador, sem *e-mail* corporativo, sem endereço comercial, sem *voice mail*, sem secretária. Despido de muitos privilégios e facilidades. E despedido. E é para evitar esse momento constrangedor que preciso tocar em um assunto tão delicado. Incentivá-lo a assumir as rédeas de seu destino antes que alguém, que não você, o faça.

A maioria das histórias profissionais é bastante semelhante. Você sonhou com uma profissão, apostou em se preparar em uma universidade, estudou muito, talvez nem tenha conseguido entrar na primeira tentativa. Então fez mais um ano inteiro de cursinho e finalmente conseguiu passar naquela faculdade pública, mesmo longe de casa. Passou (e pastou) anos se preparando para ser advogado, engenheiro ambiental, enfermeira. Ao sair da faculdade, no entanto, o mercado estava complicado, as oportunidades, escassas, e o jeito foi começar como atendente de *call center*, caixa de banco, tentar um concurso público, aproveitar a primeira oportunidade que apareceu.

Até aí, tudo bem. Quem pode ser contra a idéia de que, enquanto esperamos o sonho, temos de garantir o feijão? Nenhum demérito há em começar uma vida profissional em atividades menos sofisticadas do que aquelas que o currículo acadêmico permitiriam. Você não é exceção, é regra. Como afirmei, as histórias da maioria de nós são bastante semelhantes.

O problema não está nesse começo. Está na acomodação, no medo ou na ganância. Já faz anos que o começo começou. Você já está formado há muitos anos, e deixou a realização de seus objetivos para um dia. E este dia nunca chegou, nem chega. E não vai chegar mesmo, a menos que desista da acomodação, enfrente o medo e a ganância. Acomodação porque parou no meio do caminho. Poderia realizar muito, muito mais do que está realizando hoje. Preparou-se para este "mais", tem um enorme potencial armazenado e sem uso porque se acomodou, se deixou levar pelo cotidiano, não se esforçou o bastante para ir além. Parou. No tempo e no espaço.

Medo e ganância

Lamentável a situação, mas não apenas por sua causa. Lamentável porque sua atitude acomodada rouba da sociedade o seu potencial de realização. Único e exclusivo. É como se Albert Sabin tivesse ficado num cantinho escuro de um escritório carimbando documentos, tivesse se aposentado como gerente sênior de Autenticação da Via Amarela e jamais tivesse desenvolvido sua vacina. Perda irreparável, não acha?

Medo porque tentar algo novo apavora. Lembre-se, porém, de que um dia, quando você não estiver esperando nem desejando, tudo pode mudar. Alguém vai perceber que você não está dando tudo de si, ou que é muito caro pelo que produz. Sei lá. Talvez venha aquela onda de demissão e seu nome apareça no topo da lista. Aí, sinto muito, mas será tarde demais. Alguém tomou, por você, a decisão que você deveria ter tomado.

Medo é reação natural. Quem não tem medo não é corajoso. Está desinformado ou é maluco. Não conhece ou não entende os riscos envolvidos. Medo todo mundo tem, todo mundo sente. Coragem não é não ter medo. Coragem é enfrentar o medo.

Há, entretanto, um inimigo mais perigoso e certamente muito mais poderoso: a ganância. Talvez ela não afete você, não represente nada em suas circunstâncias atuais, mas existe muita gente que precisa enfrentar esse problema. Elas chegaram a um excelente posto dentro de suas organizações. Têm tudo aquilo que tiram da gente quando nos despedem. São verdadeiramente bem-sucedidas e prestigiadas. Ganham bem, mas estão infelizes, frustradas. Lá, bem no fundo, sabem que não estão dando o melhor de si. Não estão realizando seus sonhos. São como peixes fora d'água, vivendo num aquário seco. Precisam lidar com a ganância.

Sei que o termo é pesado, mas é o nome do bicho, fazer o quê? Pessoas acometidas de ganância estão presas por correntes de ouro. Pensam no que poderiam estar fazendo que realmente as motivasse a continuar, independentemente de quanto ganhassem. Então olham em volta, calculam o valor do *notebook* de última geração, da prestação do carro novo, do apartamento novo. Pensam em quanto custaria adiar aquela viagem por alguns anos e preferem desistir de quem poderiam ser e do quê poderiam significar para a raça humana, e o fazem em troca de posição e um punhado de dinheiro. Estão vendendo seus sonhos, sua verdadeira razão de ser, a prestações mensais, e depositadas em conta corrente. Enterraram seus talentos, e todos os dias colocam um pouco mais de terra em cima.

É difícil entender quão necessário é mudar? Impedir que circunstâncias, boas ou más, medo ou ganância, nos dominem? Precisamos assumir o compromisso íntimo: desenvolver um plano de migração que nos leve da atual acomodação para a plena realização.

Você precisa disto, o mundo precisa de você. A poliomielite já tem sua vacina, mas há ainda muita coisa a ser feita. E suas grandes realizações estão à espera apenas de você, Sabin. Portanto, por favor, decida-se.

Afinal, o *que* é liderança?

É muito mais e muito menos
que você imagina

HÁ ALGUNS ANOS, uma revista de negócios abria com uma frase em destaque um longo artigo sobre liderança, com Tom Peters: "Liderança é o atributo com a maior demanda e a menor oferta no mercado". Sem querer discutir a relevância de tudo tratado no artigo, interpretemos o significado da frase. A teoria econômica nos diz: alta demanda e baixa oferta garantem alto valor a qualquer coisa. Peters, no entanto, vai além e diz ser a liderança o atributo de *maior demanda* e de *menor oferta*, sendo, portanto, o *mais valioso.*

A audácia da frase é enorme, mas concordo totalmente com ela. Também há de concordar qualquer pessoa que compreender toda a profundidade a respeito daquilo em que, de fato, consiste a liderança, ou seja, a associação direta entre a qualidade do exercício da liderança com o nível de desempenho pessoal, com a harmonia nos relacionamentos, com o desempenho das organizações e seu impacto em toda a dinâmica da sociedade.

Tamanha importância tem o tema para mim — meu predileto há mais de quinze anos — que aprendi a entendê-lo como alicerce para a gestão contemporânea das organizações. Refiro-me a organizações, não empresas, porque liderança tem como escopo um território muito mais amplo que apenas o ambiente de negócios. Liderança se aplica a qualquer relação entre dois seres humanos: na família, entre amigos ou desconhecidos, no trabalho, na escola, na prática esportiva, no lazer, na igreja ou na cela de uma prisão.

Falar sobre ela, no entanto, não importa quanto se tenha estudado, experimentado e ensinado, será sempre uma tarefa repleta de grandes desafios.

Primeiro, basta considerar a variedade de abordagens possíveis. Apenas um dos muitos estudiosos do tema catalogou algo em torno de 360 definições, ou seja, uma para cada dia do ano, excetuando apenas os feriados de Natal e *Réveillon*, quando ninguém mesmo vai querer pensar em liderança.

A primeira dificuldade é, portanto, escolher a melhor entre tantas definições e ainda ter de provar que as outras 359 não são tão boas assim. Outro desafio é tratar de um tema com o qual todos nós temos experiência. E muita. A vida inteira. Com pais, avós, tios, irmãos mais velhos, garotos maiores na rua ou escola, professores, chefes, patrões e outros tantos. Somos, assim, conduzidos ao terceiro e mais crítico dos desafios.

Hora de se questionar

Exatamente por causa dessas experiências, liderança é um assunto a respeito do qual todos nós temos impressões muito fortes. Até traumas. É muito comum, após uma palestra ou uma aula sobre o assunto, pessoas virem a mim com as expressões "mas meu chefe..." ou "mas na minha empresa..." e saírem falando de suas experiências, sofridas na maioria, demonstrando a relação direta entre o assunto, o dia-a-dia e os sentimentos das pessoas.

Precisamos, portanto, respeitar todas essas dificuldades e começar a nos questionar se a maioria de nossas crenças sobre liderança não consistem muito mais em frutos de uma simples adesão a paradigmas culturais, em vez de resultado de uma análise mais cuidadosa. Devemos nos perguntar se, como em outros assuntos importantes, não acabamos simplesmente nos conformando a lugares-comuns, em vez de buscar nossa interpretação sobre o assunto. Se também não acreditamos demasiadamente nos aspectos superficiais de nossas vivências aqui e ali, em vez de investirmos tempo para analisar crítica e mais profundamente.

Esta prisão tão forte a paradigmas nos fazem associar automaticamente a idéia de líder com grandes vultos da história, como Gandhi, Madre Tereza de Calcutá, Hitler, Churchill, Martin Luther King, Lênin, Fidel Castro ou Jesus Cristo, ou de figuras esportivas, como os técnicos Felipão e Bernardinho, ou políticos, como Lula e Getúlio Vargas. Ou seja, segundo esse ponto de vista, liderança é coisa de gente importante, famosa, celebridade, figura histórica.

Da mesma forma, ao olharmos para o mundo corporativo, temos a tendência natural, porque assim fomos acostumados, de associar liderança a poder, alta posição hierárquica. Consideramos grande líder quem fundou uma grande empresa, como Henry Ford ou Bill Gates, ou executivos de alto nível, como Jack Welch, da GE. Sob este ponto de vista, líder é apenas quem cria ou comanda grandes corporações.

No dia-a-dia das organizações, entretanto, ainda se faz uso do título de líder de forma mais condescendente, apesar de ainda muito restritiva. Gestores de área ou de um grupo de pessoas também podem ser considerados líderes. Menospreza-se, entretanto, mesmo que inconscientemente, todas as demais pessoas que não tenham a responsabilidade de gerir equipes.

Definindo liderança

Mas liderança é muito menos do que a gente imagina. Ao associarmos o tema a poder, posição hierárquica, importância histórica ou gestão de equipes, simplesmente restringimos a poucos a possibilidade de ser líder. Reforçamos, inclusive, o mito — isto mesmo, mito — da liderança como característica inata. Ou seja, reafirma-se a falsa concepção de que alguns nasceram com um dom especial para liderar, e outros não.

Antes de associar liderança a poder, hierarquia, importância histórica ou gestão de equipes, precisamos defini-la de maneira mais simples, sem, porém, deixar de abranger o tema em toda a sua significância.

Liderar é essencialmente influenciar. Sim, liderança é o poder de cada ser humano de causar impacto na vida de outro, característica natural ligada diretamente a outra característica, também natural: a de sofrermos o impacto causado por outras pessoas. Colocado de forma existencial, podemos afirmar que liderança é a influência da biografia do outro na minha biografia e a influência da minha biografia na biografia do outro.

Baseando-nos neste entendimento simples, podemos então intuir importantes diretrizes para lidar com o tema.

- Liderança é um tema relacionado essencialmente a pessoas. Alguém pode ensinar truques a um cachorro, pode amar um pingüim, pode administrar uma grande fortuna ou construir um enorme arranha-céu, mas se alguém lidera, lidera pessoas.
- Liderança é um tema relacionado essencialmente com trabalho em equipe. Alguém pode escrever um livro sozinho, pode plantar uma árvore sem nenhuma ajuda, pode desenvolver sozinho uma nova arma ou uma nova vacina, mas só estará liderando se estiver envolvido com pessoas.
- Liderança é, portanto, uma forma de relacionamento entre pessoas. Ao se relacionar, as pessoas causam impacto na vida uma da outra. Por mais sutil que isto possa parecer, o fato é que sempre acontecerá. E a influência causada será positiva ou negativa.

Assim, podemos dizer que, num relacionamento, ao causar um impacto positivo, agimos como verdadeiros líderes e cumprimos nosso papel de contribuir positivamente para a biografia do outro. Entretanto, quando agimos de forma a causar um impacto negativo, somos maus líderes. Ou ainda, em casos mais extremos, somos tiranos, nos preocupando mais conosco e com nossas prioridades e desejos (muitas vezes supérfluos), em vez de nos preocuparmos com o outro e com suas necessidades.

Em toda interação humana há influência, por isso não há interação humana sem liderança. Liderança ocorre em todas as situações em que um ser humano se relaciona com outro. O poder da influência, neste caso, é enorme, não importa se a interação é ao vivo, através de um filme, de um livro ou qualquer outra forma de expressão da alma humana. Não há necessidade de um contato próximo, cara a cara. A essência de outro ser humano impregnada em qualquer veículo causará em mim um impacto sensível.

Sob um prisma individual, muitos de nós fomos profundamente influenciados por um livro ou uma simples frase de algum autor com quem jamais tivemos ou teremos chance de conhecer pessoalmente, muitos deles até já falecidos há muitos anos, e não raro, séculos até. Para não ficarmos apenas no exemplo individual, consideremos o efeito atual da vida de um carpinteiro pobre da Judéia, nascido há dois mil anos, na vida dos dois bilhões de seguidores de seus ensinamentos — a propósito, registrados em livro.

Se a liderança faz parte das interações de nosso cotidiano, certamente não é algo reservado apenas a alguns poucos iluminados. Por isso, só posso concordar com a idéia de liderança como uma característica inata se aceitar a idéia ampliada de liderar como atributo de todo ser humano. Ou seja, inata, mas de todos, não de apenas alguns.

Mão dupla

Liderança é uma via de duas mãos; é influência fluindo em ambos os sentidos, afetando todos ao mesmo tempo. Interpretação oposta ao paradigma da direção única *top-down*, do convés para o porão, do palácio para a ralé, da casa grande para a senzala. Antes, muito semelhante à conformação da rede de neurônios, um influenciando o outro, que influencia um terceiro, que influencia um quarto, que influencia o terceiro, o segundo e o primeiro. Numa reação em cadeia sem fim.

Quando seres humanos se relacionam sob proximidade física e temporal, eles sempre exercem influência mútua: ninguém é só líder, ninguém é só liderado. Somos, ao mesmo tempo, líderes e liderados. O que nos leva a uma última e não menos importante conclusão.

Liderança depende das circunstâncias. Liderar, como esclarece a etimologia da palavra em inglês, *lead*, significa "conduzir". Levar alguém de um ponto a outro. Inserido em nosso contexto, liderar seria, então, conduzir alguém para uma posição melhor, mais desejável. Seria provocar uma influência positiva segundo a qual o estado posterior da pessoa influenciada fosse melhor daquele anterior.

Para chegarmos a esta conclusão, no entanto, precisamos ser humildes para reconhecer a impossibilidade de dominar todo o conhecimento, habilidade e sabedoria necessários para atender às necessidades do outro ou às nossas. O melhor cirurgião do planeta ainda precisará de um professor para educar seu filho, ou mesmo para ensinar-lhe um novo idioma. Da mesma forma, este professor poderá precisar, em algum momento, das habilidades daquele cirurgião para cuidar da saúde ou a de seu filho. Sou, portanto, tão carente da liderança, da influência do outro quanto o outro é carente da minha. Tudo depende das circunstâncias.

Liderança é, por isso tudo, muito mais que a gente imagina. Atributo de todo ser humano, poder de alterar a trajetória do outro, liderar é um poderoso substrato dos nossos relacionamentos. Todos eles. Todo o tempo. Sempre. Liderar não é posição hierárquica ou social, nem depende dela, de nossa idade, de nossa condição financeira ou de saúde. Cada um de nós, o tempo inteiro, em cada contato pessoal, está causando diferença sensível na vida do outro.

Um simples "bom dia" pode iluminar o dia sombrio de alguém, pode recuperar sua auto-estima e até provocar cura física. A recíproca, entretanto, é verdadeira: uma palavra mal colocada, um palpite infeliz, uma palavra dura exercem na alma um poder de demolição comparável ao de toneladas de TNT no Everest. Precisamos, portanto, ampliar nossa visão do tema. Liderar não é atributo exclusivo dos grandes, nem se exerce sem atenção e cautela. Liderança, espero ter ajudado o leitor a compreender, é muito mais e muito menos que a gente imagina.

Você tem medo de quê?

O medo é o pior, o mais indesejável e
o menos eficiente modelo relacional
e de gestão de negócios

AO CONSIDERAMOS AS BARREIRAS à realização dos objetivos dos indivíduos e das organizações, no topo e na base de todas as listas estará o medo. Pensei nisso ao lembrar de um estranho caso ocorrido no início dos anos 1990 numa empresa de tecnologia em que eu trabalhava. Circulou entre os gerentes de *marketing* a notícia de que havia aparecido um sujeito, ninguém sabia dizer de onde, interessado em discutir conosco sobre um tal Projeto Terra, cujo objetivo, nada tímido, era informatizar todo o planeta. Diante de tão inusitada proposta, é fácil compreender o passa-passa para ver quem iria, no julgar de todos, morrer com aquele *mico* na mão.

Acho razoável afirmar que foi medo de vexame o que nos fez taxar como "ridícula" a proposta do sujeito antes mesmo de ouvi-la. Afinal, se não puder ser diferente, como pode ser nova uma nova idéia? Imagine, por exemplo, quão excêntricas podem ter parecido à primeira, à segunda e à 18ª vistas idéias como:

- comercializar em todo o mundo uma bebida de gosto, por assim dizer, bem diferente, de cor preta, cuja fórmula fosse cercada de extremo sigilo. Uma bebida engarrafada em recipientes de vidro, indo e vindo para a fábrica numa operação logística gigantesca, a fim de concorrer com um simples e cristalino copo d'água disponível em qualquer filtro caseiro, como fez a indústria das colas;
- criar um império de diversão infantil com filmes, revistas em quadrinhos e até gigantescos parques temáticos, tendo como figura principal um animal tão nojento como um camundongo, como fez a Disney;
- detonar todo o conceito de privilégio de voar, oferecendo tarifas tão reduzidas e acessíveis a ponto de ser mais barato pegar um vôo do que um ônibus; substituir os banquetes servidos a bordo por pacotinhos de amendoins; não emitir bilhetes de passagens; não fazer conexões com outras companhias aéreas; não usar os sistemas de reservas integrados padronizados no mundo inteiro; e tudo realizado por um grupo de executivos liderados por um advogado excêntrico — e bota excêntrico nisso —, como fez a Southwest Airlines.

Consideremos todos os milhares de outros exemplos: Santos Dumont sonhando em voar com um aparelho mais pesado que o ar; Graham Bell planejando um aparelho que permitisse que a voz da pessoa fosse ouvida a milhares de quilômetros de distância; e mais a TV, o rádio, os raios X, a pílula anticoncepcional, a ponte, o aqueduto, a roda, a pedra polida. Todas elas eram idéias, a princípio, bizarras, fruto de mentes excêntricas.

Ou não? Talvez fossem pessoas normais com ótimas idéias, excêntricas apenas para nós, que estamos presos a pensar exclusivamente dentro da caixa, acostumados ao conforto de nossos paradigmas, com medo de tudo o que é novo, de fora. O que, se não o medo, nos leva a rejeitar a novidade? "Quem, eu? Falar com aquele maluco do Projeto Terra? Você deve estar brincando. Eu não! Vá você!".

"Ora", pensamos eu e você, "como vai ficar minha reputação se eu for?" E se eu disser? E se eu pensar? E se eu ousar? E se eu decidir? E se eu discordar? E se eu mudar? E se eu fizer diferente? E se eu, ao menos, tentar? O que vão pensar de mim?

Discurso e prática

Por favor, entenda: não estou pregando a rebelião nem a anarquia, mas combatendo a letargia, o imobilismo, o terror do fracasso, o medo. Estou defendendo o direito de ser livre para optar por algo diferente, desde que se respeite o direito dos outros. Estou defendendo o direito de saltar de pára-quedas, desde que se cuide de não pousar em cima de ninguém.

A meu ver, estão enganados os que afirmam ser competição acirrada e necessidade de redução de custos as principais razões do estresse nas empresas. A principal causa de tanta tensão e outros males psicológicos e físicos não são as pressões do mercado. É o medo de errar. O medo de ser condenado à forca, ao desterro, ao purgatório ou ao *upgrade* de classe para o inferno, de ser enviado a locais de sofrimento reservados a todos aqueles que ousarem ousar.

Pense e avalie se não estamos nos enganando com nossos discursos de *empowerment*, quando nossas práticas cotidianas, muito mais valiosas que duas mil *buzzwords*, estão submersas no temor terrível de delegar. Analise se, na verdade, o discurso até pode ser aquele segundo o qual "errar é humano", quando a prática é "lamentamos, mas perdoar não faz parte de nossa política corporativa".

Considere quão assustados e acuados podem estar os executivos que se protegem atrás de decisões água-com-açúcar, nada audaciosas, paridas a fórceps e jogos de empurra naquelas reuniões sem fim em que todos procuram garantir que nenhum vestígio de DNA dos presentes possa ser identificado caso a coisa toda não dê certo. São decisões sem paternidade ou personalidade definida que descem a escada hierárquica e encontram gerentes também apavorados, prontos para implementá-las sem pestanejar nem oferecer resistência, pois sabem que, na velocidade do dia-a-dia, é praticamente impossível limpar a tempo todas as digitais. Melhor garantir que poderão afirmar, com toda segurança, que só cumpriram ordens se a coisa toda não der certo.

Gestores constrangidos engolem em seco quando questionados por seus subordinados sobre a relevância e a coerência das decisões tomadas, e optam por dar de ombros ou criar desculpas mais fantásticas que filme de ficção científica. Tudo deságua lá na linha de frente, no "momento da verdade",[1] único, inédito, impossível de ser repetido, em que o cliente está cara a cara — ou orelha a orelha na ligação para o *call center* — com um representante da empresa, precisando de uma decisão, de uma resposta para sua necessidade. Momento em que o pobre do atendente está lá no *front*, mas desarmado de qualquer autoridade, numa posição em que não adianta ser ou não corajoso porque não pode mesmo decidir nada.

Mesmo que não tenha medo, seja por ignorância ou por achar que tem pouco a perder, mesmo que tenha toda a disposição de assumir riscos e ousar, estará amarrado, travado por procedimentos e sistemas informatizados cada vez mais rígidos e padronizados, contrariando radicalmente a declaração de visão da empresa — pintada, aliás, em letras garrafais na recepção, emoldurada e espalhada até na área mais reservada dos toaletes: "Atender às necessidades únicas do cliente como se fossem as do único cliente". Como, se o sistema não deixa? Tais sistemas e procedimentos são desenhados em forma de cadeados, frutos do medo de que voltem a arrombar o cofre, mesmo quando se sabe que não foi o pessoal da linha de frente que andou desviando as quantias milionárias ou maquiando os balanços.

[1]Momento da Verdade, conceito desenvolvido magistralmente por Ian Carlson presidente da SAS, em livro do mesmo nome.

Aprendendo com os erros

O medo é o pior, o mais indesejável e o menos eficiente modelo relacional e de gestão de negócios, pois não gera resultados excelentes. Medo gera insegurança, paralisia, asfixia, incompetência, negligência e morte. E me perdoe o leitor o uso de termos tão pesados, mas em assunto tão sério não cabem meias palavras. Ter medo ao tratar do medo seria, no mínimo, incoerência, e no máximo, hipocrisia.

Se temos, de fato, o desejo de instaurar um modelo de gestão eficiente e eficaz, precisamos nos concentrar no cerne desta questão e criar um ambiente relacional em que os medos sejam apenas o de não fazer sempre o melhor, de não atender o cliente em tudo o que estiver a nosso alcance, de não discutir nossos paradigmas sempre que eles nos parecerem discutíveis. Devemos criar empresas em que se permita o erro honesto, fruto da tentativa madura e consciente de tentar acertar.

O erro pode ser usado como fonte de aprendizado para quem erra e para quem aprende com os erros dos outros. Mas isso só é possível onde se respeita o diferente e até opiniões contrárias, por mais excêntricas que sejam; em organizações tão sem medo em que a tendência é fazer fila para ouvir gente falar de Projeto Terra, de camundongos e parques de diversão, de bebida preta ou de gente voando quase de graça.

Só o amor vence o medo

Parece romantismo ou *slogan* de político, mas se levado a sério, é a pura verdade

SIM, EU SEI QUE FICAR FALANDO de amor pega mal. Compromete a reputação. Amor parece um assunto muito delicado para ser tratado por homens. "Não é coisa de macho." E não finja não, pois foi exatamente isto que você pensou quando leu o título e, mesmo sem querer, achou meio esquisitão. Pode ser até que falar de amor pegue mal, mas ainda maior do que o medo de prejudicar minha imagem é minha obrigação de responder a uma importante necessidade sua e minha: a de vencer o medo. E mais forte do que o medo, só o amor.

Para começar, precisamos entender que o amor a que me refiro não se baseia em sentimento. Não me refiro àquele que faz gente casar na quinta, viajar de lua-de-mel na sexta, voltar no domingo em crise conjugal inconciliável e se separar na segunda. Nem daquele amor cujas referências a pessoa encontra quando lê revistas de fofoca enquanto espera a vez no salão de beleza. Não falo de sentimento utilitário, que só ama enquanto é bom para si, e não quando é importante para o outro. Amor que acaba e que vai atrás do próximo da fila.

Tampouco se trata de amor que faz a gente ficar babando pelo celular que tira fotos, filma, tem GPS, toca MP3 e prega botões, só até a hora em que a gente compra o bendito e vê um modelo mais novo na vitrine, que tem todos aqueles recursos e ainda faz café expresso. Tampouco falo de amar um monte de gente somente até a hora em que a convivência mais íntima nos faz descobrir que Millôr Fernandes tem razão: adoráveis mesmo só as pessoas que ainda não conhecemos bem.

O amor de que estou falando é, primeiramente, decisão racional e depois, sentimento. "Epa, pode parar o bonde que eu quero descer. Amor sem sentimento? Amor racional? Que brincadeira é essa?".

Está bem, respeito sua posição e até vou entender se decidir parar de ler por aqui, mas me permita sugerir que avance mais um pouco, entenda melhor o que estou querendo dizer e exercite, na prática, o que estou propondo: me ame, mesmo sem querer, mesmo que eu não mereça.

Pergunte-se: qual a origem de nosso medo de rejeição? Por que tememos tanto ser avaliados negativamente, ser considerados abaixo do padrão? Acredito que este nosso temor é fruto da vivência sob uma cultura em que o modelo de autoridade está relacionado com a figura do pai, e a aceitação de quem somos, ligada à forma como o pai ama. Mãe ama independentemente do que se faz ou é; pai condiciona o seu amor ao desempenho.

Pai tem vergonha, fica uma fera quando o filho toma gol por baixo das pernas ou perde pênalti. Mãe não faz isso. Mãe beija o filho, abraça e ainda diz que ele vai jogar

na Seleção. Pai é quem fica uma fera com as notas de matemática, e às vezes, na hora da raiva, até diz que a gente não será nada na vida. Pai magoa e guarda mágoa. Mãe é diferente. Ela até briga, mas depois esquece e vai fritar ovo com gema mole para a gente.

Tudo é desempenho

Não é de estranhar, por isso, que nossas organizações, secularmente administradas por homens, tenham assumido em seu DNA um modelo de apreciação masculino. De amor paternal. Condicional. Baseado em desempenho. Basta ver como estamos cercados de avaliações de desempenho, formais e informais. Instrumentos cuja qualidade, segurança e propriedade são tanto melhor aceitas quanto tangíveis forem os resultados. "Um é um. É fácil. Agora, 'o funcionário tem bom relacionamento com o cliente?', como meço isto?".

Ao intangível, a intangibilidade. Não importa quem somos, quanto contribuímos com o todo, quanta dedicação, quanto esforço. Só vale o resultado. Numérico. Tangível. Bem tangível. Viver sob a lupa do resultado nos apavora, nos faz ponderar se vale a pena mesmo manter a integridade de nossos princípios quando "todo mundo rouba mesmo, tudo mundo maquia os números, pede cotas menores, dá um *por fora* para o cliente assinar antes do fim do ano fiscal".

Esta situação faz a gente dormir considerando se não deveríamos ter dedicado menos tempo à família para conseguir a promoção que, afinal, ia dar mais dinheiro para poder colocar o aparelho dentário no Júnior. Ou pensando se não tínhamos de deixar de ser bobos e parar de informar ao cliente o prazo de entrega verdadeiro. Ou que não é tão ruim assim engrossar a vista do fiscal com um pequeno regalo. Coisinha simples, uma Mont Blanc, uma TV de plasma, uma malinha de dólares. Coisinhas assim. Tudo bem tangível. Exceto é claro, para a Receita.

Este é o foco no tangível, em números que passam a nos identificar e a definir se somos pessoas de sucesso: ano do carro, modelo do celular, metragem quadrada do apartamento, tamanho do contracheque, número de salários adicionais extras por ano. Muitos números. Tudo bem tangível. "Me dê números e terá muitos outros", assim nos promete o deus dos resultados. "Viva por eles, mate por eles. Ah, sim, não esqueça de registrar cuidadosamente o número das baixas."

Respeito é bom e todos gostam

Há, porém, um caminho alternativo: amar e nos livrar deste jogo de números e do medo de ser avaliados por eles. É o amor traduzido, antes de tudo, em respeito. Simples assim. Consideração pelo outro — não pelo que ele pode produzir, mas pelo simples fato de que ele é. Respeito, que antes de tudo, permite que sejamos diferentes uns dos outros, não porque é politicamente correto, mas porque é a mais pura verdade, e combater a realidade é, no mínimo, *bem estranho*.

Não há, jamais houve ou haverá duas biografias idênticas, dois seres humanos iguais. Então por que simplesmente não admitimos isto, em vez de querer conformar todo mundo a um operário padrão, a um executivo padrão, a uma esposa padrão, a um filho padrão, a um "eu mesmo" padrão? Para vencer o medo, precisamos primeiro oferecer amor em forma de respeito e aceitação, abrindo a porta à oportunidade de sermos aceitos. Respeitando, temos a chance de ser respeitados. Isso deve acontecer num caminho sem atalhos, onde tudo começa em mim e comigo. Limpando minha calçada e dando o primeiro passo para uma cidade mais limpa.

A segunda forma prática de amar é o exercício da compaixão: colocar-se na situação do outro. Do médico que se vê paciente e não extrai nada que não tenha de ser extraído; do professor que se vê aluno e sabe da tensão da prova final; do executivo que se vê *traineé* e sabe quão difícil é começar uma carreira profissional. Empatia que sente a dor do outro como se fosse sua. Que zela com delicadeza pela fragilidade do outro. Compaixão que não julga, apóia.

Não discuto que medir é importante, e que sem medir não podemos saber a que distância estamos do ponto em que poderíamos estar. Mas só medir é péssimo. Gera ineficácia. Gera ineficiência. Gera medo. E mais forte do que o medo, sinceramente, só o amor.

Contrate incompetentes!

Pare de perder tempo tentando
fazer martelo apertar parafuso

— O QUÊ? LÁ VEM VOCÊ de novo com suas idéias malucas. Primeiro, me sugeriu contratar preguiçosos. Agora, incompetentes? Dá um tempo...

— Sim, eu sei que não parece uma sugestão lá muito ajuizada, mas me responda: contratar preguiçosos deu ou não deu resultado?

— Bem, na verdade, deu mesmo. Aquela paralisia gerencial, aquele jeito de empurrar os assuntos com a barriga, aquelas reuniões sem fim, sem pauta, sem decisões, tudo isso está acabando. Os meus preguiçosos não dão bola para a burocracia, para a perda de tempo. Eles são pró-ativos, querem resolver os assuntos. Querem fazer mais com menos. Na verdade, eles são ótimos.

— Então pare de esperar pelo profissional perfeito. Confie em mim e contrate incompetentes.

— Ok, posso até pensar nisso, desde que você me explique de onde tirou essa idéia.

— Daqui, olhe — tirei o livro fininho da pasta, abri na página 71 e li. — "Os livros sobre desenvolvimento de gerentes, por exemplo, imaginam verdadeiramente um 'homem perfeito' em seu quadro sobre o 'gerente do futuro'. Um alto executivo, assim nos dizem, deveria ter capacidades extraordinárias como analista e como profissional que toma decisões. Ele deveria saber lidar com as pessoas e entender as relações de poder e as organizacionais, ser bom em matemática e ter *insights* artísticos e imaginação criativa. O que se parece desejar é uma genialidade universal, que sempre foi uma raridade. A experiência da espécie humana indica fortemente que a única pessoa que há em abundância é o incompetente universal. Portanto, teremos de admitir em nossas organizações pessoas que, na melhor das hipóteses, se destacam em apenas uma dessas capacidades. E é mais do que provável que lhes falte qualquer talento mais modesto do que os outros tenham."

O que minha amiga, uma diretora de RH frustrada por não conseguir encontrar no mercado um profissional que atendesse a todas as exigências do perfil do cargo, precisava entender é que suas expectativas, como a maioria das empresas com relação a seus executivos, parecem demonstrar que andam à procura de um super-homem, esquecendo-se de que ele já está empregado. É jornalista. Trabalha no Planeta Diário, mora em Metrópolis e namora a Lois Lane.

Hoje a vastidão de cursos que cada universidade oferece só demonstra a expansão e o aprofundamento do conhecimento humano. Não há mais como saber tudo sobre tudo. Resta saber quase tudo sobre quase nada. Como em 1966 já nos fazia pensar Peter Drucker, considerado o pai da administração moderna, o guru dos gurus e autor do texto que li para Ana Rita: antes de acreditar em uma genialidade universal, melhor seria acreditar na incompetência universal.

Mais razoável seria esperar de cada profissional uma *expertise* em um campo muito estreito do vasto espectro do conhecimento humano, ainda que muito bem inserida em sua visão geral do contexto em que ele vive e atua. Ou seja, um especialista, sim, mas com o conhecimento e o discernimento necessários para poder encontrar sua parte e seu compromisso com o todo.

Será frustrante tentar desenvolver em nós competências para as quais não fomos naturalmente dotados. E sem que isto signifique uma amarra existencial, é preciso considerar que nossa biografia milita contra nós sempre que tentamos combatê-la. Somos nós mesmos provas mais que suficientes para demonstrar que há quem nasceu para os esportes, assim como há quem tropeça na própria sombra, quem nasceu com dotes para os trabalhos artesanais e quem pode transformar uma agulha de tricô em uma arma mortal. Contra si mesmo, quero dizer.

Martelo e chave de fenda

A eficiência está diretamente atrelada à aliança entre a capacidade de realização plena e a oportunidade de realizá-la diante do desafio correto. Ou, em palavras mais simples, para prego, martelo; para parafuso, chave de fenda. Experimente o contrário e compreenderá bem esta tese.

Assim, cabe-nos descobrir quem somos e quem podemos ser, e investir nossas energias não na busca de suprir todas as nossas deficiências (como já colocado, infinitas), mas em desenvolver nossas aptidões naturais. Neste sentido, infelizmente, tanto empresas quanto escolas tiram nota zero. Ambas estão profundamente preocupadas em descobrir as deficiências do indivíduo e saná-las a todo custo (e que custo), ao invés de estimular seus talentos. Para quem tira nota dois em matemática, dá-lhe recuperação, dá-lhe exame, dá-lhe segunda época e dá-lhe DP. E se dê por feliz de não ter nascido no tempo da palmatória.

Da mesma forma nas empresas, os processos de avaliação 360°, 183° ou 122°, de *coaching* e os investimentos das verbas de treinamento estão quase sempre concentrados em transformar martelo em chave de fenda. Aperta, forja, molda e se acaba perdendo o melhor de cada um, criando uma organização de padronizados e bem pouco eficientes *marfendas* e *chavelos*.

Se buscamos criar uma organização de alto desempenho, cabe-nos considerar e respeitar cada indivíduo como fonte única de potencial de realização —

possivelmente recoberta de uma grossa camada de incompetência, é verdade. Entretanto, esta camada pode ser trazida à tona com a visão correta, com a colocação em prática de atitudes tão simples quanto dar liberdade para ser quem se é, elogiar a boa realização e investir mais no desenvolvimento dos pontos fortes de cada um que no objetivo de transformar o Superman no Chapolin Colorado.

Por fim, é necessário falar do começo. Contratar incompetentes é parar com processos de seleção baseados num estereótipo contrário à natureza humana. Contratar incompetentes é não obrigar o candidato a fingir que sabe tudo. É não exigir que ele tenha feito pós em *Marketing*, mesmo quando a vaga é para especialista em Direito Constitucional. É deixar claro que também não são pré-requisitos básicos para qualquer vaga em nossa companhia falar e escrever em chinês, ser enólogo, ter escalado o Everest e estar concorrendo ao Prêmio Nobel de Literatura. Que basta apenas ser competente naquilo que faz ou fará.

Contratar incompetentes é se contentar em ter em sua equipe o incompetente universal de Drucker, que não voa nem tem visão de raios X, mas é um profissional capacitado para exercer suas funções com excelência, com alegria e com senso de realização pessoal porque ama o que faz e parece mesmo ter nascido para aquilo.

Peter Ferdinand Drucker

Uma homenagem a quem merece todas

ESTE ARTIGO É DEDICADO à vida e à obra do personagem que causou o mais profundo impacto em minha maneira de entender e atuar no mundo corporativo: Peter Ferdinand Drucker, falecido no dia 11 de novembro de 2005, apenas uma semana antes de completar 96 anos. Decidi não concorrer com os milhares de *sites* da Internet que podem apresentar ao interessado uma infinita gama de detalhes biográficos e de citações. Prefiro acreditar que a melhor forma de homenageá-lo seria registrar minhas impressões sobre ele, ou suas impressões em mim.

Drucker era denso. Quem estava acostumado com soluções do tipo "passe de mágica", com fórmulas que incluíam sempre um número e uma promessa, como "os sete passos para o sucesso", ou com livros cujo maior valor estava no título chamativo em detrimento do conteúdo, se frustrava ao não encontrar em seus textos um gráfico, uma figura distribuindo dados em quatro quadrantes ou a proposta de algum método instantâneo. Este não era o jeito de Drucker.

Longe disso, seus textos sempre ofereciam uma análise profunda das questões. Basal. Muito mais comum era vê-lo fazer referências históricas, retroceder no tempo centenas de anos e depois avançar, era após era, etapa por etapa, didaticamente, até nos posicionar no mesmo nível de compreensão que ele tivesse do tema até o momento. Drucker nos permitia pensar e compreender como ele. Oferecia a seus leitores a clareza do entendimento e a segurança de uma análise tão profunda quanto ampla de um momento, demonstrando como estava inserido em toda a história da civilização.

Drucker era simples e claro. Ao menos uma coisa aprendemos com os gênios incompreensíveis — aqueles que falam muito, mas não nos esclarecem nada: saber explicar coisas complicadas de forma complicada é bem fácil, basta deixar para o outro a responsabilidade e a culpa de não compreender. Drucker, ao contrário, surpreendia pela facilidade de explicar, de forma simples, assuntos altamente complexos. Jamais conheci alguém que não tenha compreendido um texto seu.

Lembro-me do susto que levei ao iniciar a leitura de um artigo seu que tratava da então recente e endeusada (e já estourada) "bolha da Internet". O texto começava com a criação de peixes em cativeiro, e pela primeira vez senti o receio de que meu querido mestre estivesse começando a caducar. Ledo engano. Em um de seus mais admiráveis exemplos de erudição e didática, Drucker desvendou de forma muito simples, e em poucas páginas, todo o intricado enredo da chamada "Nova Economia".

Visão sem adivinhação

Assim era Drucker. Ele não escrevia para se tornar célebre nem admirado. Escrevia para que qualquer pessoa entendesse. Não por acaso, isto o fez célebre e admirado. Drucker não era um guru. Não no sentido que se dá normalmente ao termo. Chamado até "guru dos gurus", ele não fazia adivinhações. Apenas interpretava corretamente o trajeto futuro do trem pelo acompanhamento do desenho dos trilhos e pelo conhecimento de muitos outros trens e muitos outros trilhos semelhantes.

Quando se referia ao futuro, seu objetivo não era fazer previsões, mas apenas esclarecer e informar que, ao seguir as práticas em curso, uma organização e a sociedade como um todo inevitavelmente produziriam determinados resultados, positivos ou negativos, e fatalmente encontrariam determinado destino.

O que se deve reverenciar não é sua bola de cristal, mas sua capacidade de analisar com sabedoria e discernimento de dados, fatos e indícios claros (para sua mente prodigiosa) de movimentos sócio-culturais. Isto lhe permitia antecipar os acontecimentos — em alguns casos, em até dezenas de anos.

Drucker unia conhecimento e prática. Apesar de ser considerado por um de seus biógrafos o primeiro consultor empresarial da era moderna, e de ter realmente atuado como tal nas mais importantes organizações do planeta, ele se definia como "escritor". Às suas atividades como consultor chamava apenas "laboratório". Neste sentido, é um exemplo para todos aqueles que se tornam famosos escrevendo teses maravilhosas e dando palestras milionárias, mas que jamais experimentaram na prática a validade de seus pressupostos teóricos, e para consultores e gestores repletos de experiências que não se dedicam como deveriam ao aprofundamento e à expansão de seus conhecimentos antes de tomar decisões precipitadas e infelizes.

Drucker não parou de aprender. Sua erudição, se assim podemos dizer, era *hereditária*. Mas não foi apenas a riqueza cultural de seus pais e daqueles que freqüentaram sua casa na juventude que o fizeram conquistar sua prodigiosa e vasta base de conhecimentos. Ele nunca parou de buscar oportunidades de aprender, e jamais deu sinais de estar satisfeito com o que já sabia. Pelo contrário. Além do contato com clientes e alunos, o que lhe franqueava acesso às informações diretamente de suas personagens principais, enriquecia a mente com a leitura. Lia tudo. Lia muito.

Drucker lia até Drucker. Lia a si mesmo para ter certeza de onde havia cometido equívocos e como poderia corrigi-los ou esclarecê-los em uma nova obra. É surpreendente notar quantas referências bibliográficas a si mesmo são encontradas até num curto artigo de sua autoria.

Peter Ducker era Peter Drucker. Uma revista de negócios sempre apresenta no fim do texto o autor de seus artigos e suas qualificações profissionais: "Fulano de Tal é professor de tal universidade", "Sicrano de Souza é presidente da Souza & Souza" e por aí vai. Não pude deixar de rir e concordar com seu editor quando li a seguinte apresentação de Drucker no fim de um artigo dele: "Peter Drucker é Peter Drucker".

Para alguém que dispensa qualquer apresentação, ou de quem qualquer apresentação é muito inferior a quem de fato é, Peter Drucker tinha todas as condições de se tornar exigente, soberbo, inacessível, caro, distante de todos os mortais, exceto seus mais abastados clientes. Nada mais longe da realidade. Drucker nunca teve dificuldade de admitir que errara em uma análise. Era seu crítico mais determinado.

Quanto a clientes, nas últimas décadas, decepcionado com os caminhos das organizações tradicionais, passou a dedicar gratuitamente fatia expressiva de seu tempo e genialidade às organizações sem fins lucrativos. Chegou ao ponto de declarar que a Girls Scouts, presidida por Frances Husselbein, era a organização mais bem administrada dos Estados Unidos.

Era admirado pela facilidade de acesso, pessoal ou remota (recebia diariamente centenas de faxes e mensagens), pela capacidade de lembrar detalhes pessoais de seus ex-alunos, de se colocar sempre em posição discreta e jamais demonstrar que era mais importante ou deixar de tratar e até abraçar carinhosamente seus interlocutores. Sua qualidade e mais impressionante foi a humildade. Peter Drucker não se deixou inebriar pelo fato de ser Peter Drucker. Cuidou apenas de ser humano.

Sob um ponto de vista pessoal

A história registrará Peter Drucker como quem, nos séculos XX e XXI, melhor compreendeu e explicou o papel das organizações na sociedade e das pessoas nas organizações. As referências acadêmicas o eternizarão como o pai da Administração moderna. Para mim e para milhares como eu, que mesmo não tendo o prazer de conhecê-lo pessoalmente foram enriquecidos pelas longas horas de uma conversa quase real através de seus livros e artigos, será lembrado de maneira muito, muito diferente.

Primeiro, como o autor que, tão logo tomei conhecimento, tornou-se meu favorito. Não me recordo de sequer uma ocasião em que, ao ler qualquer um de seus textos, não tenha ficado assombrado com a sua capacidade de desafiar preceitos, esclarecer questões complexas e ensinar com profundidade.

Depois, como mentor de meu desenvolvimento pessoal e profissional. Drucker era alguém a se ter como exemplo. E finalmente como alguém que, sem nenhuma pretensão a respeito, conquistou um tipo de admiração muito especial que se nutre apenas por pessoas muito íntimas e queridas.

Drucker conquistou meu coração enquanto me levava através do entendimento da complexidade do mundo corporativo e da sociedade moderna, da mesma forma gentil que um avô amorosamente conduz seu neto pela mão para comprar algodão doce na praça. Lê-lo foi sempre como estar acompanhado dessa figura querida numa divertida e emocionante experiência de aprender. Sua erudição, sua didática e seu jeito familiar me fazem sentir, hoje, emocional e intelectualmente órfão. Sinto o receio de não ter mais onde esclarecer minhas dúvidas, mas reconfortado pela idéia de que há ainda em seus textos muita sabedoria a ser explorada.

Resta-me, por fim, a certeza de que poderei reencontrá-lo sempre na mesma forma que o conheci: através da leitura e releitura de seus admiráveis textos.

Até daqui a pouco, professor. Até daqui a pouco.

O pequeno grande homem

Conheça a história de dedicação do "velho Guima" aos Pequeninos do Jockey

VOU FAZER-LHE UM DESAFIO: compareça a uma sessão de treinamentos do Clube Pequeninos do Jockey e tente encontrar, no meio de tantas crianças, seu fundador, José Guimarães Junior. A tarefa não vai ser nada fácil, pode acreditar. As dicas são: procure um senhor magrinho, com mais de setenta anos e cabelos brancos. Mas lembre-se de que, com pouco mais de 1,60m, ele pode facilmente se esconder no meio de um exército de centenas de crianças e jovens mais ou menos do seu tamanho.

Achou complicado? Pois fique sabendo que encontrar alguém com a estatura moral e a visão de serviço ao próximo ou igual à do "velho Guima", como é carinhosamente chamado, seria um desafio ainda muito maior.

Tarefa tão grande quanto acreditar que o trabalho de mais de trinta anos desse pequeno

grande homem possa ser tão pouco conhecido em seu próprio país, ao passo que seu sucesso fora daqui é muito grande. No maior torneio de futebol júnior, a Copa da Noruega, que reúne 27 mil jogadores de quarenta países, sua equipe de garotos é reconhecida como o time de maior sucesso, tendo conquistado dezessete troféus de campeão em diferentes categorias.

A explicação talvez esteja em seu objetivo claro: "Construir uma fábrica de homens, não de ídolos". É até possível que, eventualmente, ao formar cidadãos de caráter, acabe fabricando algumas estrelas, pois não são poucos os ex-atletas do Pequeninos que já vestiram e vestem camisas de alguns dos mais importantes times do Brasil, de outros países e até da Seleção Brasileira, como é o caso do meia Zé Roberto. Mas o fato puro e simples é que, como acontece com tantos líderes à frente de iniciativas de mérito, José Guimarães Junior e todos os que formam o Clube Pequeninos do Jockey não estão procurando fama. Querem apenas atingir seu objetivo, o que fazem muito bem. São números de causar assombro. De pequeninos não têm nada.

Vamos ao placar

Anualmente seus oitocentos associados — crianças e jovens com idades entre cinco e dezesseis anos, divididos em quarenta times — realizam cerca de cinco mil horas de futebol, comandados por uma legião de cinqüenta voluntários (que fique claro: não remunerados) envolvidos nas atividades de assistência social (sim, porque cerca de metade dos associados são carentes), arbitragem, preparação física, coordenação, atuação técnica e direção. Uma goleada de competência e resultados obtidos com muito esforço por quem acredita que fazer o bem não tem nada a ver com fazer malfeito:

- 35 anos de existência, apesar de não contarem com praticamente nenhuma ajuda de terceiros;
- 23 participações em campeonatos mundiais no exterior;
- mais de 1,5 mil troféus conquistados, 140 deles no exterior;
- mais de 180 mil atletas em toda a sua história.

Mas estes são apenas os resultados numéricos. Impressionantes, é verdade. No entanto, os mais impressionantes são aqueles que fogem ao primeiro olhar: as sementes dos bons valores praticados dentro do clube e plantadas no coração de seus pequenos associados. São sementes que germinam aos poucos, e estão formando uma seleção de homens de valores elevados, como a preocupação e o respeito com os demais. As lições de vida são aprendidas na convivência constante com gente que serve a todos com a mesma consideração, indistintamente.

Um exemplo desta postura é o relato da mãe do pequeno Caio, jogador de um time adversário acidentado em uma jogada normal no campo do Pequeninos.
Em carta, ela fala de um "senhor Guimarães" que esperava todo mundo na porta do Jockey cumprimentando cada um pessoalmente, o que ela, a princípio, julgou ser

jogada de *marketing* para manter fregueses satisfeitos e atrair novos clientes. Tal impressão mudou por completo quando aquele senhor demonstrou a mesma genuína atenção especial ao ligar pessoalmente todos os dias para saber de Caio. Segundo ela, ele dedicou o dobro de atenção que as pessoas conhecidas deram. Que estratégia vencedora!

Vencer nos campos é, porém, apenas um recurso estratégico para um objetivo mais amplo: fazer vencer na vida cada um daqueles que fazem parte do Pequeninos. No entanto, ainda que jogar bola possa tirar a criançada da rua e ocupar a mente de pessoas que, em outras circunstâncias, ficariam por aí sem nada para fazer, nunca deve competir com o tempo dedicado aos estudos. É pensando assim que o Pequeninos mantém padrões rígidos para aqueles atletas que desejam fazer parte do time. Todos, sem exceção, precisam estar estudando. No Pequeninos, bola rima com escola.

Mas não basta estudar: para não ficar no banco, as notas também devem ser dignas da Primeira Divisão. Nota vermelha, cartão vermelho. O atleta fica um jogo esquentando o banco durante o campeonato. Um estímulo perfeito para quem tem muita fome de bola, mas cujo apetite para os estudos não é proporcional. É por tudo isso que o "velho Guima" afirma que a maior recompensa que pode receber são os convites para as formaturas.

O pequenino e os Pequeninos

O Clube Pequeninos do Jockey nasceu oficialmente em 21 de maio de 1970, mas, a meu ver, sua história é muito mais antiga. Ela começou em outro 21 de maio, mas em 1934, no interior da Bahia, em Itororó, junto com a história do décimo filho de dona Laura e do pequeno agricultor e pastor batista José Guimarães. O Pequeninos nasceu devagarzinho na vida daquele homem que aprendeu a dar valor a pequenas coisas, como dar um passo: José Guimarães Junior teve de reaprender a caminhar, encarando dores e dificuldades terríveis, depois de ser acometido de uma paralisia total por dois anos. Nasceu na simpatia de quem, como muitos de seus atletas, sabe a falta que faz crescer sem pai, e na solidão de quem muito antes de virar adulto deixa a família e muda para São Paulo em busca de emprego.

O Pequeninos vai brotando assim na vida de quem aprendeu o valor de honra e caráter mesmo diante do mau exemplo do primeiro patrão, que mexia no relógio só para ele chegar atrasado e perder o descanso de fim de semana. Um dia, em 1953, seu destino cruzou com as portas do Jockey Clube de São Paulo, de onde ele nunca mais sairia. O *starting gate* deste relacionamento foi o cuidado com os cavalos, numa carreira mais longa do que esperada, enquanto sonhava.

Mais tarde, aceitou o convite para atuar na área administrativa do Jockey, numa carreira ascendente que o tornou, por mandatos sucessivos, secretário-geral da Associação dos Funcionários. E foi lá que cruzou o disco final, passando a ser o treinador das categorias infanto-juvenis de futebol da Associação. Elas deram origem, em 1970, no dia de seu aniversário, ao Clube Pequeninos do Jockey.

A história do Pequenino e dos Pequeninos do Jockey, segundo as palavras proféticas de seu fundador, jamais terá fim: "O Clube Pequeninos do Jockey existirá sempre que nele existir o homem íntegro, para quem a ânsia de fazer o bem a uma criança e ao seu semelhante seja mais importante do que se preocupar com sua origem e seu sobrenome."

Bibliografia comentada

PREZADO LEITOR, esta bibliografia apresenta quatro importantes objetivos. Um deles é ajudá-lo a encontrar parte da resposta para a pergunta que lhe ficou na mente ao ler alguns de meus artigos: "De onde ele tirou essa idéia?". Bom, algumas foram daqui.

Também é minha oportunidade de agradecer a alguns, infelizmente nem todos, os autores que fizeram profunda diferença em minha vida e homenageá-los. Amigos íntimos que nunca conheci pessoalmente, mas com os quais passei longas horas entretido num bate-papo mudo, porém extremamente eloqüente, como o nosso agora.

É, ainda, uma oportunidade de deixar claro que sem a ajuda deles não teria aprendido o que aprendi. Espero que você também tenha longos papos silenciosos com eles.

Por último, e não menos importante, satisfazer o interesse por mais de quem quiser mais, e incentivar a ler mais quem ainda não se acostumou com este "vício" tão benéfico. São mais alguns milhares de páginas para quem não se satisfez com as que oferecemos neste livro.

Esta lista, que nunca seria completa ainda que gastássemos nela tanto quanto no resto da obra, está dividida em três áreas: *Para me conhecer, agir e ser melhor*,

Para conhecer mais sobre liderança e mudança e *Para entender melhor o mundo corporativo e a sociedade.*

Trata-se de uma divisão apenas didática. Os temas não estão assim tão bem definidos em cada livro, mas acredito que pode facilitar sua escolha. Sinceramente, se fosse você, lia tudo. Eu li e gostei. E até escrevi um livro.

Propositadamente a lista não está em ordem alfabética de título nem de autor. Preferi uma seqüência lógica. Assim, recomendo a leitura por ordem de apresentação.

Os comentários são apenas isso, comentários. Tiveram de ser curtos devido à limitação de espaço. Espero que o ajudem a fazer as melhores escolhas de acordo com suas necessidades.

Boa leitura.

Para me conhecer, agir e ser melhor

BRINER, Bob. *Os métodos de administração de Jesus.* São Paulo: Mundo Cristão, 1997.

Além de excelente trabalho, este livro representa muito para mim. Há alguns anos perguntei a Deus o que eu deveria realmente fazer da minha vida. Estava num vôo internacional e havia comprado este livro. A resposta chegou na página 21 e de uma forma tão enfática que não poderia duvidar. O título do capítulo era: *Ensine, ensine, ensine.* Tenho certeza de que poderá aprender muito sobre gestão de projetos, de equipes, de vida e carreira, e de relacionamentos lendo lições de como um pobre carpinteiro conseguiu, no século primeiro, com apenas doze homens, criar a maior organização do mundo.

CARTER, Les & UNDERWOOD, Kim. *O princípio da significância.* Campinas: United Press, 2000.

Quando se fala em interesses humanos, poder, dinheiro e sexo vêm no topo da lista. Os autores provam que muito mais importante para cada um de nós é encontrar a significância para nossa existência.

COVEY, Stephen. *First things first.* Rio de Janeiro: Campus, 1995.

O nome diz tudo: as primeiras coisas primeiro. Foi aqui que comecei uma jornada para compreender melhor o que era liderança, começando em mim mesmo. O que eu podia fazer para mudar o mundo.

GOLEMAN, Daniel. *O poder da inteligência emocional.* Rio de Janeiro: Campus, 2002.

Demorei a encontrar um livro que provasse científica, biológica e estatisticamente os conceitos que venho defendendo há anos. Então encontrei este.

HUNTER, James C. *Como se tornar um líder servidor.* Rio de Janeiro: Sextante, 2006.

Um livro que eu gostaria muito de ter escrito. Reflete perfeitamente minha percepção das necessidades das organizações e dos profissionais. James Hunter, assim como eu, tem atuado como consultor em desenvolvimento humano e organizacional. Acreditamos nas mesmas coisas, tivemos experiências semelhantes, chegamos às mesmas conclusões.

KOUZES, James M. & POSNER, Barry Z. *Credibilidade*. Rio de Janeiro: Campus, 1994.
Muitos não percebem a importância desta característica para garantir a qualidade e a efetividade de seus relacionamentos pessoais e profissionais. Organizações não se dão conta de que muitos de seus problemas têm origem na falta de confiança entre seus agentes. Só leia depois de *O desafio da liderança*, dos mesmos autores.

LAHAYE, Tim. *Por que agimos como agimos?* São Paulo: Abba Press, 1996.
Trata-se do mesmo autor da série *Deixados para trás*, sucesso mundial de vendas. Aqui LaHaye não só nos ajuda a compreender que somos diferentes mas a identificar nossas diferenças mais básicas, a entendê-las. E a partir disto, assim espero, a respeitá-las.

SANDERS, Tim. *O amor é a melhor estratégia*. Rio de Janeiro: Sextante, 2003.
Um título estranho e uma capa ainda mais estranha. Mas não se assuste, Tim Sanders, um executivo da Yahoo!, nos conta sua trajetória para descobrir como é importante ser humano no ambiente de negócios. O que ele chama de "lovecat" nós chamamos de "peoplesider" (referência ao nome e ao propósito de minha empresa, a PeopleSide).

Para conhecer mais sobre liderança e mudança

BARBER, Cyril. *Neemias e a dinâmica da liderança eficaz*. São Paulo: Vida, 1982.
Um dos melhores livros sobre liderança baseados em personagem bíblica. Trata-se de um estudo sobre o valor

do exercício de gerenciamento eficiente (gestão das coisas) somado à liderança eficaz (gestão dos relacionamentos) para se alcançar resultados excepcionais. Algo que venho tentando ensinar aos gestores de projeto.

CALIGUIRE, Jeff. *Os segredos da liderança de Paulo*. São Paulo: Mundo Cristão, 2004.

Invejável a capacidade do autor de nos contar e ensinar princípios de liderança através da história de um homem que quis matar os seguidores da causa pela qual morreu. Um empreendedor sem caixa automático, sem Internet, sem *e-mail*, sem celular e sem avião fez sua mensagem ser ouvida em todo o mundo então conhecido. Um dos melhores livros sobre liderança baseada em personagem bíblica.

COLLINS, Jim. *Feitas para vencer*. Rio de Janeiro: Campus, 2001.

Depois de escrever *Feitas para durar*, um *best-seller*, Collins foi desafiado a mostrar como uma empresa que não nasceu para durar podia deixar de ser boa para ser grande. A resposta foi "Liderança nível 5". O que é isso? É o que você vai descobrir neste livro.

COVEY, Stephen. *Liderança baseada em princípios*. Rio de Janeiro: Campus, 1998.

Liderança sim, mas baseada em quê: carisma, poder, riqueza, hierarquia? Covey sugere princípios universais. Acredito que ele acertou na mosca.

DEPREE, *Max*. *A liderança é uma arte*. Rio de Janeiro: Editora BestSeller, s/d.

DEPREE, Max. *Liderar é uma arte.* São Paulo: Best Seller, s/d.
Max DePree é um líder excepcional, capaz de presidir uma pequena empresa e torná-la a sétima em retorno sobre o investimento (ROI) nos Estados Unidos. Um dos melhores exemplos de que investir em pessoas e resultados financeiros não é uma estratégia sem sentido. Pelo contrário.

FINZEL, Hans. *Dez erros que um líder não pode cometer.* São Paulo: Vida Nova, 1997.
Comprei o livro pela capa e não me arrependi. Todo livro de liderança ou fala como fazer ou conta como fizeram. Só neste encontrei o que não fazer para não ser um mau líder.

HYBELS, Bill. *Liderança corajosa.* São Paulo: Vida, 2002.
O que um pastor evangélico americano pode entender sobre como estruturar uma organização de sucesso? Ter fundado e pastoreado uma igreja de mais de vinte mil membros e milhares de voluntários nos últimos trinta anos me parece uma boa resposta.

KOTTER, John. *Liderando mudança.* Rio de Janeiro: Campus, 1997.
Uma obra para quem possui mente mais estruturada e precisa "de uma receita de bolo" para lidar com processos de transformação organizacional. O livro é simples tanto quanto poderoso.

KOUZES, James M. & POSNER, Barry Z. *O desafio da liderança.* Rio de Janeiro: Campus, 1997.

Poucos livros ajudam a entender tão claramente como o exercício da liderança pode alavancar o potencial dos indivíduos e da organização. Simples e claro, em alguns momentos, emocionante.

KOOTER, John. *Leading change: why transformation efforts fail.* Harvard Business Review, 1995.

MAXWELL, John C. *As 21 leis irrefutáveis da liderança.* São Paulo: Mundo Cristão, 1999.

Um livro muito bem desenvolvido. São 21 capítulos curtos, mas muito ricos. Em cada um, uma lei, um princípio para elevar o patamar de nossa atuação como líderes. Maxwell tem dezenas de anos de experiência, que compartilha com muita didática e com ótimas histórias, o que facilita o entendimento e torna a leitura muito agradável.

O'TOOLE, James. *Liderando mudanças.* São Paulo: Makron Books, 1998.

Um livro quase enigmático. Começa com a descrição de um quadro antigo, mas seu desenrolar se converte numa das melhores análises sobre processos de transformação organizacional que conheço. Aparentemente obscuro em certos momentos, é muito esclarecedor. Pode acreditar.

P.K.D., Lee. *Liderando com excelência.* Santa Bárbara d'Oeste: Socep, 2001.

As experiências, a sabedoria e a erudição de quem foi gestor da empresa com maior número de empregados do mundo, a Companhia Ferroviária da Índia, um conglomerado com mais de 1,7 milhão de colaboradores.

Rush, Myron. *Management a biblical approach.* Colorado Springs: Victor Books, 2002.

A única sugestão que ainda não tem uma versão em português. Mais que um livro, trata-se quase de um manual passo a passo de orientações bíblicas no ambiente de trabalho.

Para entender melhor o mundo corporativo e a sociedade

Bergamini, Cecília. "Motivação: mitos, crenças e mal-entendidos" *in Psicodinâmica da organização.* São Paulo: Atlas, 1997.

O título do artigo não só entrega o ouro como cumpre plenamente o que promete. No meio de tanto "eu acho que" e "palestras motivacionais", é superimportante entender sob a ótica acadêmica o que é motivação e quão errôneas têm sido as práticas organizacionais neste campo.

Carlzon, Jan. *A hora da verdade.* Rio de Janeiro: Sextante, 2005.

A história de sucesso de Carlzon como presidente da SAS, a Scandinavian Airlines, e sua capacidade de inovar colocando o cliente e suas necessidades em primeiro plano. Uma aula de boa gestão.

Collins, Jim & Porras, Jerry i. *Feitas para durar.* Rio de Janeiro: Rocco, 1995.

Num universo cheio de gurus e de "eu acho", Collins e Porras, dois professores de Stanford, nos oferecem o resultado de seis anos de estudo detalhado de dezoito pares de empresas, num período de pelo menos cinqüenta anos. A pergunta que respondem é: Que faz uma empresa ter resultados tão melhores que seus competidores e o mercado em geral?

DRUCKER, Peter. Leia qualquer livro ou artigo.
Falecido em 2005, sua obra é de uma vivacidade tal que ainda temos muito que entender sobre ela. Drucker pode não só ajudá-lo a compreender o passado das organizações e da sociedade, mas as coisas que ainda serão. Não, não é mágica. É erudição e sabedoria. Se você está iniciando este relacionamento, recomendo que comece com a coletânea de alguns de seus melhores textos produzida pela parceria da Revista Exame, da editora Abril, e da Nobel. Em especial pelo livro *O homem.*

FREIBERG, Kevin & FREIBERG, Jackie. *Nuts.* São Paulo: Manole, 2000.
A história completa da Southwest Airlines e de seu admiravelmente excêntrico presidente, Herb Kelleher. Detalhes de como uma empresa aérea, ao decidir concorrer com as empresas de ônibus, só demitiu três funcionários, readmitidos mais tarde. Ela não apenas se tornou um gigante, mas foi a única que jamais teve um ano de prejuízo. Se não encontrar a resposta, procure em: lado humano.

HAMMER, Michael. *Além da reengenharia.* Rio de Janeiro: Campus, 1997.

Alguns anos depois do estrago, Hammer escreve um livro totalmente diferente, dando completa ênfase ao lado humano como principal fator competitivo das organizações. Nem parece o Hammer do primeiro livro. Tire as próprias conclusões. Estes seus dois livros são leituras obrigatórias se quiser compreender as causas de muito do que vivemos hoje nas organizações.

HAMMER, Michael & CHAMPY, James. *Reengenharia, revolucionando a empresa.* Rio de Janeiro: Campus, 1994.

Se você tem menos de 25 anos talvez não tenha sequer idéia do assunto. Talvez tenha apenas estudado na faculdade. Este livro causou uma das maiores revoluções no ambiente corporativo do século. Baseado em suas recomendações, centenas, milhares de empresas optaram pelo *downsizing* e demitiram milhões de pessoas. Hammer afirmou posteriormente que o haviam interpretado erroneamente. O estrago, entretanto, estava feito. O que ele não lembrou de dizer é que o livro não falava sobre o lado humano da reengenharia, exceto em pouco mais de meia página (a 171, se quiser conferir).

HANDY, Charles. *A era do paradoxo.* São Paulo: Makron Books, 1995.

Leia especialmente o capítulo 2. Se não conseguir resolver os desafios, pelo menos compreenda os que esses paradoxos nos trazem.

HOCK, Dee, *O nascimento da era caórdica.* São Paulo: Cultrix, 2000.

Dee Hock foi fundador e por anos presidente da Visa, sistema de pagamento eletrônico pelo qual circulam quase um trilhão de dólares anualmente, e cuja propriedade é de mais de vinte mil bancos associados, que competem "caordicamente" entre si. Conheça, por dentro, dele inclusive, essa história de sucesso de quem pensou o mundo corporativo de maneira bem diferente.

LEVERING, Robert. *Um excelente lugar pra se trabalhar.* Rio de Janeiro: QualityMark, 1997.

Este é o trabalho que deu origem às *Melhores empresas para se trabalhar*, publicado anualmente pela revista *Exame.* Saiba por que algumas empresas são tão mais agradáveis para trabalhar que a maioria. Este livro, em especial, me inspirou a escrever o artigo "Mãe S/A".

MORGAN, Gareth. *Imagens da organização.* São Paulo: Atlas, 1996.

Completa ou parcial, sua leitura será sempre muito útil. Trata-se de uma obra excepcional. Uma empresa é um organismo? Uma máquina? Talvez uma prisão psíquica? Quem sabe, tudo isto junto? Uma análise das várias faces de uma organização.

SCHULTZ, Howard. *Dedique-se coração.* São Paulo: Negócio, 1999.

Como expresso na própria capa, este livro mostra "como a Starbucks se tornou a grande empresa de xícara a xícara". Para mim a explicação está na página 229, "não estamos no setor de café servindo pessoas, estamos no setor de pessoas servindo café". Um exemplo que prova ser possível, sim, ter sucesso no mundo dos negócios colocando as pessoas em primeiro lugar.

SEMLER, Ricardo. *Virando a própria mesa.* São Paulo: Best Seller, 1988.

Semler é a referência brasileira mais reconhecida no mundo acadêmico internacional. Li este livro quando tinha 23 anos e ele 28. Achei um assombro. Reli novamente aos 33 e continuei assombrado. Hoje tenho quase 43, e o assombro ainda não passou. Semler provou ao longo destes anos que sucesso empresarial se faz com pessoas, não apesar delas.

Sobre o autor

EDUARDO CUPAIOLO é fundador e sócio-diretor da PeopleSide, consultoria especializada no desenvolvimento humano e organizacional. Foi analista de sistemas na Natura e no grupo Moinho Santista. Foi consultor executivo e gerente de projetos no IBM Consulting Group e na PricewaterhouseCoopers.

Cursa mestrado em Organizational Leadership na Azusa Pacific University, Estados Unidos, possui MBA pela Fundação Dom Cabral e especializações em transformação organizacional nos Estados Unidos e Europa. É professor, articulista e conferencista.

Eduardo mora em São José dos Campos, São Paulo, com a esposa e dois filhos.

Caro leitor

Desejamos que este livro tenha correspondido a suas expectativas.
Para continuar a atendê-lo sempre melhor, compartilhe suas impressões de leitura desta obra escrevendo para:
opiniao-do-leitor@mundocristao.com.br

Cadastre-se para receber nossos informativos no *site*:
www.mundocristao.com.br

Acesse nosso *blog*:
http://editorialmc.blogspot.com

Editora Mundo Cristão
Rua Antonio Carlos Tacconi, 79
04810-020 — São Paulo — SP

Este livro foi composto por Sonia Peticov,
em Caslon, e impresso pela Imprensa da Fé
em papel chamois fine dunas 67 g/m², com filmes
fornecidos pela MJ Serviços de Composição.